禅 禪修精華 ⑤
Chanxiujinhua

默照

圣严法师 著

華夏出版社
HUAXIA PUBLISHING HOUSE

图书在版编目(CIP)数据

默照/圣严法师著. -北京:华夏出版社,
2011.8
ISBN 978-7-5080-6578-6
Ⅰ.①默… Ⅱ.①圣… Ⅲ.①禅宗-通俗读物
Ⅳ.①B946.5-49

中国版本图书馆 CIP 数据核字(2011)第 141995 号

责任编辑:梅 子 晓 燕
图书策划:安凤影 梅 子
版式设计:文渊阁图文工作室
出版发行:华夏出版社
(北京市东直门外香河园北里 4 号 邮编:100028)
经 销:新华书店
印 刷:北京温林源印刷有限公司
装 订:北京温林源印刷有限公司
版 次:2012 年 1 月北京第 1 版
2012 年 1 月北京第 1 次印刷
开 本:787×1092 1/32
印 张:7.25
字 数:63千字
定 价:25.00 元

编者序

圣严法师教禅、讲禅、写禅，二十多年来足迹已广遍东西方世界各地，出版了二十种以上与禅相关的中英文著作，并陆续被翻译成意大利文、西班牙文、葡萄牙文、德文、波兰文、越南文、俄文等多种文字，接引无数人进入禅法的大门。如今说到要学习禅法，特别是中国禅宗，便不能不看圣严法师的禅修著作。

圣严法师在《禅钥》一书序文中自陈："我的宗旨，是将正统禅修的观念及禅修的方法，透过通俗易懂的文字，分享给有缘的现代大众。"因此，圣严法师讲授禅法，便能在深厚的修行基础、广博的学养背景下，贴近现实人间的实际生活，介绍实用、易懂、健康，而且层次分明的禅修理论及方法，使得不同年龄性别、职业层次、教育程度的社会大众，都能分享得到禅法的利益。

尤其是，初学程度浅者，读了不觉得深奥难懂；老参程度深者，反复读了愈见其滋味与内涵，足见圣严法师高妙之处。

圣严法师有关禅修的篇章，都是先于《人生》杂志或《法鼓》杂志刊载，然后交由法鼓文化（原东初出版社）集结于《禅修指引》系列出版，少数则散见于法师的其他著作之中。

不过由于是以时间先后的顺序集结，所以各篇之间，只有思想与目标的统一性，并没有篇与篇之间的连贯性；而且面对法师如此丰厚的著作，一般人则不免望书兴叹，不知如何下手。于是我们兴起了重新编辑这套书的念头，除了整理脉络，分出次第，书本规格并特别采用小开本，以利随身携带，随时参阅。

这套书的编辑，是依修学的阶梯分为七册：《入门》、《观念》、《法脉》、《公案·话头》、《默照》、《五停心·四念处》、《活用》。除了主要篇章外，配合单本主题亦选录有“实践指南”、“祖师箴言”，内容都是圣严法师对经典、祖师语录等的精彩诠释。书后并提供其他相关参考篇章之篇目，以及关键字检索，帮助读者顺利、迅速进入圣严法师原始的著作，达到旁征博引、互相参照的目的。

这套书虽然取名为“禅修精华集”，但是

圣严法师著作篇篇精华，让我们难以取舍，勉强只能说是一套原著的导读。既为初入门者提供一个方便的路子，先得梗概的全貌；也让已入门者，能够温故知新，时时自我检验。

因此，这是一套精致实用的好书，是修行路上的指引，更是菩提道上的明灯，值得您永远珍藏。

法鼓文化编辑室　谨识

目录

【祖师箴言】

【实践指南】

默照禅概说

禪修精華

中国曹洞宗的源头，是洞山良价禅师（公元807—869年）及曹山本寂禅师（公元840~901年）。

而日本曹洞宗的源头是中国天童如净禅师（公元1163~1228年）及日本道元希玄（公元1200~1253年）两位禅师；如净是洞山良价的第十三代，其第十代真歇清了，是宏智正觉的同门，同出于丹霞子淳座下。

其系统可列表如下：

丹霞子淳—┬—宏智正觉—净慈慧晖—明极慧祚
　　　　　│　　　　　—东谷妙光—直翁德举
　　　　　└—真歇清了—天童宗珏—足庵智鉴
　　　　　　　　　　　—天童如净—道元希玄

基本上，日本曹洞宗的只管打坐，和中国曹洞宗的默照禅是有差别的。

宏智正觉的默照禅是其在开悟以后写的，他是从悟境中，告诉我们什么是默照禅。然而，对于尚未达此程度的人，想要实践是相当不容易的，因此，必须从基础的方法开始，才能知道开悟以后，所体会的默照禅是什么。

如何开始学习，我将它分为三个层次：

（一）只管身体

调整好坐姿，让身心放松，有心无心地注意自己整个身体。不是只感觉身体的某一部位，而是在同一时间内，观照整个身体的任何部位，同时要放轻松，紧张的话，很快有会累的感觉。

所谓放松，是神经、头脑不要紧张，但是身体及坐姿必须正确，背及后腰不能放松，否则马上弯腰驼背，那就是懈怠了。松懈时容易打瞌睡，方法也用不上，头脑必须保持非常清醒，如果感觉精神有点懒散，头脑有些迷迷糊糊的，这都不是只管打坐或者默照时应有的状态。

（二）把环境当做身体的一部分

清楚地知道身体在哪里，虽然身体的痛还在，但它并没有让你感觉有负担；甚至于，痛也没有，而周遭之环境如同你身体的一部分，此时有风吹声、鸟叫声，但是，对你来讲，环境没有打搅到你的心，而是很自然地，跟你的身体在一起。

身体在、环境在、你的心也在；有主观的自己、客观的身体，同时被观照得很清楚，但是，就是没有负担，没有受到干扰。

（三）以空作为观照

向内观照，内心无限地深远；向外观照，外境无穷地广大。环境在、身体在，

但是自己已经不在；没有主观的自己及客观的环境，一片明朗、清净。

到了这个程度，身心世界，整个宇宙，都是我自己；以为没有境界，事实上，空境即为观境。此时，是否开悟了呢？还是没有，一离开打坐，进入生活的环境中时，还会受到干扰。

洞山良价修行时，认为自己已体会到了佛经中祖师们所讲的悟境，可是，他的师父云岩昙成禅师却始终认为他还得努力。

后来，洞山离开云岩去行脚。有一次，经过一条溪流，水面清澈，他清楚地看到水中自己的倒影，自己的面孔、自己的身体，他瞬间大悟云岩所示百年后的真象——“即遮个是”的意旨，他便很欢喜地说：

切忌从他觅，迢迢与我疏；
我今独自往，处处得逢渠；
渠今正是我，我今不是渠；
应须恁么会，方得契如如。

因此，没有开悟的人，总是执着的，不是执着于“有”，就是执着于没有语言的对象的“空”；当洞山良价看到空和有，内和外，不相妨碍、不是对立、也不是统一，不执着于境界，不否定现实时，还能和现实融合在一起。没有时间、空间，没有自我、对象，心念不动，但是历历分

明。心中无物、无相，但是明净灵活，此时，就是默而常照，照而常默；默中有照，照中有默，到了这个层次，便是大开悟。

开悟以后会怎么样呢？不要好奇，初学者需从第一阶段开始，自然而然会进入第二、第三个层次，一步步地做，一步步地不要执着，这是开悟的过程。

比宏智正觉时代稍晚，有一位长芦宗赜禅师（生卒年不详，约为公元十一世纪末十二世纪初），撰有一篇《坐禅仪》，他所教的禅修方法主张调饮食、调睡眠、调坐姿、调息，然后“一切善恶莫思量，念起即觉，觉之即失，久久忘缘，自成一片”。

而宏智正觉的《坐禅箴》，一开始就说："佛佛要机，祖祖机要；不触事而知，不对缘而照。"从默照下手，不用天台止观的前方便。可是，一般人如果一开始就用默照，是很不容易的，还是应从止观的前方便做起，这是一种预备阶段的辅助法。

此外，日本现代有一新派，就是原田祖岳禅师的龙泽寺派，名义上属于曹洞宗，实际上是融合曹洞、临济两宗之长创立的一派生气勃勃的禅佛教，它已成为今日日本向国内外传播禅法的主流之一，它没有用只管打坐或默照，而是教人数息、参公案。

默照，其实就是止观并用，止的时

候，心中没有杂念，观的时候，很清楚地知道自己没有杂念；因此，观的时候止，止的时候观；照的时候也在默，默的时候也在照。将观用做照，将止用做默。所以虽然源出于止观，却不是止观。

基础方法刚开始用时，是观照自己身体的全部，观整体不观局部。必须要有一样对象让心有所住，然后才能无住；有所住，并不是住于不断起伏的杂念、妄念，而是住于正念，此正念便是观整个身体，同时通过注意身体的整体，而不让自己有妄念。身体的痛、痒，腿的不舒服，一定还有，但是，你要不管。就像我们看到地板上有很多墨迹，但是，不是只看到某一点，而是意识到整个地板上有很多的黑点。开始时心不安没有关系，只要留意身体的全部，其他什么都不要管，慢慢地，就会专心一念在方法上。

（选自《人生》第一五四、一五五期）

禪

青山不碍白云飞

——《坐禅箴》解释

禪修精華

《坐禅箴》，就是坐禅的箴言；它是对坐禅人的忠告，对坐禅人的金玉良言，全文如下：

佛佛要机，祖祖机要。不触事而知，不对缘而照。不触事而知，其知自微。不对缘而照，其照自妙。其知自微，曾无分别之思。其照自妙，曾无毫忽之兆。曾无分别之思，其知无偶而奇。曾无毫忽之兆，其照无取而了。水清澈底兮，鱼行迟迟。空阔莫涯兮，鸟飞杳杳。

佛佛要机，祖祖机要

佛佛是指三世诸佛，过去、现在、未来，还有十方的佛，它的根本点就是明心见性的清净心，清净的本心和涅槃的妙性；佛与佛之间，彼此心、性相通，这叫要机。

而祖师们虽然经过一重一重的悟境——不论是大悟、小悟，但尚未成佛，在成佛的过程中，还有机关的要领、要点、枢纽要开，用什么开？就是用“默

照”。如同阴电、阳电，一接触时就会打雷闪光；祖师们已经知道如何接触心、性，所谓触机而悟，机就是心性，碰到它、触到它时，自然就会开悟。

不触事而知，不对缘而照

事，就是相对之境界。有事、无事都是事，有念、无念都是执着；但是，心境清清楚楚、明明白白。不触有事，不触无事，并不等于是无知的人或死去的人，实际上，“不触事”就是讲默，“而知”是照。

缘，是指境界，包括外境界及内境界，外境界是对身外环境而产生之心理现象，内境界是指自己内心的思想，如回

忆、记忆、猜测、推敲、思考等。既不缘外境，也不缘内境，而境界是清楚、明朗的，如同镜子一般，镜子本身并没想照什么东西，但是，在镜子前出现的任何东西，均可被照映到镜中。此处指心就像一面镜子，有照的功能；但是，没有对内、对外一切现象之执着及分别，故称“不对缘而照”。

这两句话，都是默中有照、照中有默。

不触事而知，其知自微
不对缘而照，其照自妙

因为不触事，所以照的功能很强；因为默，所以照的功能更微细。譬如说，当我们用肉眼来看风景时，一眼望去，不可能将每一点、每一个人，每一个事物都置于视野的范围之内，为什么呢？第一是肉眼迟钝，第二是我们的头脑本身有分别心，对某部分有兴趣，或者没兴趣；然而，用高性能的照相机来照时，在几秒钟内，就可以将镜头内的每一样东西清清楚

楚地拍摄进去。因此，当心没有主观的自我时，才能接触到佛性。从现象的表面是看不到佛性的，对现象不起执着、分别后就能看到佛性，也就能看到清净的本心和涅槃的妙性，这就是微。

“不对缘而照，其照自妙”是同样的意思，上面一句的“不对缘”是指默，下面一句是照的功能微妙。默时不接触事，知道得更多，照时不对任何事物攀缘，照得更透彻，悟境也更深。

其知自微，曾无分别之思
其照自妙，曾无毫忽之兆

这讲的是默照的功能，因为没有一点分别的念头，才能将佛性体验得那么清楚，虽然在照时，佛性是如此透彻、如此微妙，但是，没有一丝一毫的现象曾经发生过，没有可以讲给他人听的，没有让你有东西留在心中的。佛性就是这个涅槃妙性，也是绝对的空性。

曾无分别之思，其知无偶而奇

这两句是接着前句连下来的，反复地将默照时没有分别之念头，讲得更透彻。心中没有单数、偶数之分别，但是很清楚，这是一个或者是两个。譬如说，这里有两个茶杯，当用默照时，不会说它是两个茶杯，只是很清楚有东西在那里，但没有一个或两个茶杯之分别，其实，杯子只是个名词，连这个东西是杯子的念头都不需要有。

一切都是有的，但是不给它名字、不给它好坏、不给它左右、不给它上下；主要的目的，就是不要引起执多执少、执有执无的烦恼。知而不执着，对其他人来讲，还是要有名字，就像有男众、女众、东方人、西方人。别人问我这是什么人时，我很清楚这是男人、女人，那是东方人、西方人，但是对于正在用功修行的那个人来说，不必有这些分别心；有分别心、有执着心时，就是不平等的，而是差别心，也就见不到佛性了。

曾无毫忽之兆，其照无取而了

没有现象，没有痕迹；因为没有痕迹所以无取，没有想要什么或舍弃什么。但是，是否需要喝茶、睡觉、吃饭呢？生活必需品当然要呀！生活中的各种事情照样要做。不过要归要，做归做，心中不留善不善等许多思量。就如鸟在空中飞过之后，不会留下一丝痕迹。这里的“了”，就是什么事情都照样地做，随时地了。

水清澈底兮，鱼行迟迟
空阔莫涯兮，鸟飞杳杳

这四句诗表面上看有水、有鱼、有天空、有飞鸟，但实质是形容默照禅的悟境。

“水清澈底兮”，实际上根本看不到水，也可以说没有水。

“鱼行迟迟”，并不是鱼游得慢，而是在时间上等待……等待……始终没有看到鱼游出来。

“空阔莫涯兮”，好像有一个无限的空间，其实，既然是无涯，空间并不存在。

“鸟飞杳杳”，在这无涯的空间之中，往四处八方乃至十方，深远地望出去，连一只飞鸟的踪迹都看不见。

这是说的既无空间，也无飞鸟。

这首诗，描写在时间和空间之中，都是那么的宁静，当然也没有自我中心的执着。

鱼和水、鸟和空，都是相对的境，它的境界就是默照同时。

如果还没有到那样的层次，也许，一望出去，水底好多鱼，水却是浑的；天上好多鸟，空中却有乌云。想看鱼时，结果

出现了螃蟹；想等鸟时，结果看到了飞机。

（选自《人生》第一五四、一五五期）

秋水连天空花幻

——宏智禅师语录解

默照

内和外和，因和缘和，平平安安真自在。

田地虚旷

宏智正觉禅师语录中有一段《田地虚旷》，原文如下：

田地虚旷，是从来本所有者。当在净治揩磨，去诸妄缘幻习，自到清白圆明之处，空空无像，卓卓不倚。唯廓照本真，遗外境界，所以道："了了见无一物。"个田地是生灭不到，渊源澄照之底，能发光能出应。历历诸尘，枵然无所偶，见闻之妙，起彼声色，一切处用无痕、鉴无碍，自然心心法法，相与平出。古人道："无心体得无心道，体得无心道也休。"进可寺丞，意清坐默。游入环中之妙，是须恁么参究。

内和外和，因和缘和，平平安安真自在。

田地虚旷，是从来本所有者

这两句是由默照所见的佛性，即是指清净的心和虚空的性，它是无限的，是无边的，事实上，众生从无始以来皆有佛性，因为佛性是空性，是完全平等、完全相通、完全相同的。

为什么叫“田地”呢？因田地能化腐朽为神奇，人们将用过的、吃过的、剩下的，或者排泄出来的东西，还给田地。这些废物变成肥料后，田地又再长出五谷。

田地的意思有两种：凡夫所种的业田，是以贪瞋邪见为种子，长出的是烦恼的草、痛苦的果，为人们带来许多的不自由、不自在；佛菩萨种的福田，是以持戒、禅定、智慧为种子，长出的是慈悲、解脱、般若、涅槃的果，不但自己用，同时也给众生享用。

内和外和，因和缘和，平平安安真自在。

当在净治揩磨，去诸妄缘幻习

把妄想、攀缘以及幻境的习气，不断地用默照的工夫，擦拭、揩磨，直到非常清净、无染、圆满、光明时，佛性就显现了。

有位禅者开悟以后，当时没有人知道他已开悟。有一天，老师叫他去河边洗米，洗完了，米也不见了。中午烧饭时，人家问他：“米呢?”他说：“不是叫我洗米吗?”又问他：“那么，洗好的米在哪里呢？”他说：“我只知道要洗米，但是不知道米洗到哪里去了？”因此，没有佛性这样的东西，把烦恼摩摩擦擦，擦到最后，没有一个清净的佛性是可以拿给人看的，就像这位禅者，把米洗不见了一样。

内和外和，因和缘和，平平安安真自在。

自到清白圆明之处，空空无像，卓卓不倚

清白是绝对的清净无染，实际上，就是默和照，默是清净无染，照是智慧圆明，清清楚楚地，此时，烦恼和佛性都没有了。认为佛性是空性，执着空是佛性，也是不对的，心中没有任何攀缘，没有一点痕迹，这是“空空无像”。佛性是绝对的独立，没有地方可以倚靠，但是非常地清楚，这是开悟的人，告诉我们默照禅最后的境界是“卓卓不倚”的。

唯廓照本真，遗外境界，所以道："了了见无一物"

"廓然"，是广阔无限的意思，心境无限宏大，清楚地觉照本真的佛性，这时候，没有与自我相对的外在境界，没有一样东西是存在于清净的佛性之外；十方的空间，三世的时间，无非出于自心的显现，心外无一物，自心也非物，所以"了了见无一物"。自心中的佛性即是空性，到了这个程度时，清楚地知道心中没有痕迹，没有任何东西可以接触、可以攀缘。

内和外和，因和缘和，平平安安真自在。

个田地是生灭不到，
渊源澄照之底，
能发光能出应

“田地”即指佛性，它是本来就在那里，所以是不生不灭的，只有等到开悟时，佛性才会显露，就像一个无底而清澈的深渊，而且它便是水的源头，无止尽地有水涌出来，它能产生光的功能，产生反应的作用。

许多人听了佛性是空以后，会觉得要成佛、要开悟做什么？反正都是空的！事实上，开悟是心中不执着于任何东西，但是慈悲与智慧的功能还在；因此，未开悟的人，虽然没有实证到佛性，但是可以体会、学习、模仿，当自己有烦恼时，应该鼓励自己回到佛性的源头来。

内和外和，因和缘和，平平安安真自在。

历历诸尘，枵然无所偶

一般的凡夫做任何事，都是为了实现自我中心而努力；开悟以后的人，是以平等的慈悲心，来对待如微尘数世界那样多的众生。对于如许微尘数世界的一切现象，既不混淆也不参与。心中既没有自我，也没有对象；没有帮众生的忙，也未做有奉献的事。

见闻之妙，起彼声色，一切处用无痕、鉴无碍

彻悟以后的人，不仅仅是用肉眼所见，用肉耳所听；而是超越于用眼、用耳。对于所处之环境，所见、所闻、所接触到的一切，是用智慧的心眼看、心耳听，不是我在见闻，而是众生的形相及声音产生的反应。虽然很清楚地体会到了这一切环境，在心中不留瞋爱等痕迹，故也没有亲疏、厚薄、远近等障碍。

在美国纽约的禅中心曾经有一个对西

方人开的初级禅训班，由我的一位弟子教课。有一次我去听课，看见他在黑板上写的字很细、很小，而且说话声音很低，他就没考虑到坐在后面的人听不到、看不见。我问他：“你没有想到后边的人，他们看不到你写的字、听不到你讲的课吗?”他说：“他们没有讲啊!”于是我到后面，问学生们的反应，好多人都说听不清楚也看不清楚。当时，我就责备这位弟子，怎么不为人家着想呢？其实，我一看到上课的情形，就知道有问题，这倒不是因为我的智慧高，而是我的弟子年轻没有经验。

自然心心法法，相与平出

虽然一切都是无障碍的、无痕迹的，但是，一切都还是有的，有心理的活动，也有活动的对象；心中没有喜欢不喜欢，没有执着，平等地对待一切；即使成了佛，也是要照常度众生的。

有人会问，如果有先生、有太太的人开了大悟，那么，是否还要先生、还要太太呢？如果众生都是平等的，那么，太太和女儿是否一样呢？或者自己的丈夫跟人

家的丈夫是不是一样的呢？如果懂了“自然心心法法”，不一样的事物还是不一样的，否则悟后的人岂不成了白痴！

中国禅宗史上，有位庞居士，他有太太、有女儿，而且全家人都开悟了，但是，他们没有因开悟而离婚，也没有因开悟而父女不相认。

古人道："无心体得无心道，体得无心道也休"

古时候有人这么说："禅的最高境界，即为无心。无心就是没有自我、没有执着，先学习放下自我执着，那才能体验到无心无相的禅法及佛道；相反地，当你已经体会到什么是无心，那就不需要修道，也无道可修了。"

内和外和，因和缘和，平平安安真自在。

进可寺丞，意清坐默

即使是已经开悟的人，要继续修行，也是要替人服务的，并且承担很多事。“寺丞”是中国古代的官职，悟后仍可做官，但是，在心里等于没有做什么事。心有感受，而没有情绪；有慈悲，而没有你我。此身虽然处于日常生活中，但此心犹在体验着默照禅。

游入环中之妙，是须恁么参究

如果想要知道进入这个开悟的境界，究竟是怎么样的微妙，就必须照着上面所讲的，好好地努力！

真实做处

此段亦出自《宏智禅师语录》，原文为：

真实做处，唯静坐默究，深有所诣，外不被因缘流转，其心虚则容，其照妙则

准。内无攀缘之思，廓然独存而不昏，灵然绝待而自得。得处不属情，须豁荡、了无依倚，卓卓自神。始得不随垢相，个处歇得。净净而明，明而通，便能顺应，还来对事，事事无碍。飘飘出岫云，濯濯流涧月，一切处光明神变，了无滞相，的的相应，函盖箭锋相似。更教养得熟、体得稳，随处历历地，绝棱角，勿道理，似白牯貍奴恁么去，唤做十成底汉。所以道“无心道者能如此，未得无心也大难。”

真实做处，唯静坐默究

真正修默照禅时，只有精进地静坐，默默地观照。

默是没有思想，究是深入而没有杂念；默究，就是深深地默，彻底地照。

有人问我，煮饭、开车、上课教书时，是否能用默照呢？若在工夫用得好时，即使在日常生活中，随时随地都能保持头脑清醒，情绪稳定。但是，我们做任何事时，身心必须一致，做什么事就应努

力做好。

在需用头脑注意思考时，只要心绪平静安定，不受刺激困扰能保持清楚明净，就是默照工夫。

深有所诣，外不被因缘流转

外边的因缘是人、事、物等社会环境及自然环境。当这些因缘冲击你、诱惑你、刺激你时，如果默照的工夫已经用到相当深的程度，就不会被打搅、不会被牵动，这就是心不随境转。

内和外和，因和缘和，平平安安真自在。

其心虚则容，其照妙则准

“其心虚则容”，正如成语“虚怀若谷”。山谷是虚的，永远也不会满，山上不论有多少的雨水、泉水、融雪融冰的水，流到谷底时，都可以被容纳，因为流至谷底时立即又流向谷外，入江入湖入海去了。同样地，心中如果也是虚如山谷，大如虚空，自然就能容纳万物。不论别人对你恭维、赞叹、批评、毁谤、猜疑、嫉妒，心绪都不会有所起伏；心中没有要抵抗，也没有要追求的。

“其照妙则准”就是说，默的程度是心量广大，虽如虚空，但仍有其照的功能。正因为有静态的、默然的心境，它所做的判断、处理，是绝对地恰到好处，非常地准确；这便是无我的智慧所产生的功能，对于所容纳的万物，清清楚楚，该如何处理就如何处理。

内和外和，因和缘和，平平安安真自在。

内无攀缘之思，
廓然独存而不昏，
灵然绝待而自得

“内无攀缘之思”，是说已到绝待的程度，内心自然没有攀缘的意念。也就是内心已没有种种的迎拒、取舍、分别、推敲等有所思想系念的念头。

“廓然独存”是无对待地存在，这时候，无论系统的思辨及散乱的妄想都没有，只是非常清楚地知道，没有上下、没有左右、没有前后，只有无边无涯；虽然不动，但还是非常灵敏、活泼、新鲜，而且自由自在的。

“自得”，是不假外力和外缘，一切都是出于内心，是那样的现成而非造作。

内和外和，因和缘和，平平安安真自在。

得处不属情

前段讲的“自得”，就是自然而然，自由自在，没有一点障碍；在这样的情况下，跟自我意识的感“情”是不相应的。凡夫是有情众生，都在感情中打转。感情又分很多的层次，有亲疏、厚薄、恩怨、爱恨等；不论是亲情、爱情、友情，有可爱的地方，那是人间的温馨；有麻烦的地方，那是互相困扰，纠缠不清。

事实上，凡是私情都有问题，如果将

私情升华并净化为无私的慈悲，不论生活在何种情形下，都不会产生烦恼、痛苦，而自得其乐，故说自得之处不是属于私情的经验。

内和外和，因和缘和，平平安安真自在。

须豁荡、了无依倚，卓卓自神

“豁荡”是空谷的情况，在大山谷中，空空荡荡，深不见谷底，无所依靠，但又灵活自如。这是描述默照工夫的经验，虽然没有感情作为依靠，但还能活泼、自然、有生气地独立存在。

始得不随垢相，个处歇得

唯有这样，才能不随着污垢的种种现象而转变；到了这种无事可忙的程度时，就是烦恼心的歇脚处。事实上，不被烦恼所困扰就已经是彻悟的人了。

内和外和，因和缘和，平平安安真自在。

净净而明，明而通

“净净”，是清净再清净的意思。譬如说，天空没有云时，那个蓝色的天空是不是真正的天空呢？不是的，是要蓝色的天幕都没有时，那才是真正的太虚空。因此，默照的体验，就是任何一样东西，都不会在心里留下一丝痕迹，那才是清明的心境。

“明而通”，这个明是智慧，《心经》里的“心无挂碍”，就是无处不通，没有任何分别的情执，所以对人、对境，畅通无阻。

记得我第一次去英国弘法，办签证相当不容易，我的弟子对我说：“师父，您常常讲，您没有一定要做的事，没有一定要去的地方，英国不能去就算了！”我说：“不行，如果还有时间，我还是要试着去办，除非时间已过，那才作罢！”“师父，这不是执着吗?”我说：“不能解决的要设法解决，万一怎么办也办不下来，真的不能去时，我也不会烦恼。”这也是明而通的道理。

内和外和，因和缘和，平平安安真自在。

便能顺应，还来对事，事事无碍

没有情执的烦恼时，就能左右逢源，能够顺着事物发展的状况。对一个有智慧的人来讲，因为他没有情执及分别心，当遇到困难时，心理上不会有一点挂碍。“事事无碍”有两层意思：

1. 每一桩事物到你心中都无牵挂得失；

2. 一切的事物之间，互相圆融通达，不相妨碍。

这已是中国华严哲学里的最高境界。

飘飘出岫云，濯濯流涧月，一切处光明神变，了无滞相

此时，智慧的心就像毫无拘束的云，飘飘然地从山腰间徜徉出来，也好像在清澈的山涧里，所看到的月亮那样，非常自由、安闲、明朗。月在天空，却借着处处山涧濯濯的水面，好像神通变化那般，放出它的光芒。浮云和水月，都没有一定的目的，不会停留于一处；云顺着山的形态而浮游，月亮缘着山涧而移动。这些都是

在形容自心不动而智慧应缘的功能。能够因应各种情况而产生神通变化，不论遇到方圆、长短、大小，都能适应一切环境、处理一切状况，这就是“了无滞相”。

的的相应，函盖箭锋相似

“的的相应”是完全契合的意思。像一个巧匠制造的盒盖，盖在盒子上，非常稳当妥帖；又像是两个武艺高超的人，一人射箭，一人执刀，锐利的箭端恰好射中薄利的刀锋，丝毫不差。这是形容默照的功能，可以适应一切情况，而且绝对精确。

内和外和，因和缘和，平平安安真自在。

更教养得熟、体得稳，随处历历地，绝棱角，匆道理，似白牯貍奴恁么去，唤做十成底汉

有了以上的默照工夫之后，还要继续培养，使其更熟练、更稳健，对任何的人、事、物等情况，都能历历分明，清清楚楚。

这时候，已没有自伤伤人的棱角，也不再拘泥于世间的逻辑、理论等道理，因为已经能够适应顺逆各式情境，就像你家里饲养了工作的大白牛，也像是养着玩赏

看门用的狐狸狗那样地温良驯顺，那才真正是一个十成十的好汉，也就是一位大彻大悟的人。

为什么可以不讲逻辑的道理啊？其实，事事讲道理的人，一定都是烦恼的人。如果不讲理而有慈悲，没有烦恼而有智慧，岂不更好？

有慈悲和智慧的人，不会跟人正面冲突，一定先去适应他，再来转变他，这才是最高的道理。

这里所说的白牯狸奴，是一头驯良的大白牛、一只乖巧的小狗。大白牛，非常温驯，人们用它来下田、拉磨、背人、载水、运货，叫它做什么工它就做什么工；小狗是宠物，善解人意，没有脾气。可能

内和外和，因和缘和，平平安安真自在。

又有人会说："那完了！未开悟时，还有独立的人格，开悟后，反而像没有个性的大白牛、狐狸狗了。"这里的用意不在叫人变成畜牲，而是取譬喻说明，真正有慈悲和智慧的悟者，是没有敌人及对手的。

无心道者能如此，
未得无心也大难

也只有已经到了无心程度的修行人，才能如此，没有到达无心层次的人，要做到这样，是很难的！

（选自《人生》第一五四、一五五期）

禅意尽在不言中

——《默照铭》解释

默照

中国禅宗，到了南宋之初，临济一系出有大慧宗杲禅师（公元 1089 ~ 1163 年），提倡话头禅，曹洞一脉出有宏智正觉禅师（公元 1091 ~ 1157 年），首倡默照禅，临济宗与曹洞宗乃系宋世的禅门双璧。话头禅在中国及日本，迄今犹是活用的好方法，而默照禅在中国传流未久，到了日本则形成了只管打坐的曹洞禅法。

话头公案，在我国佛教界，乃是相当熟悉的禅修方法，而默照禅则即使在曹洞宗的寺院，也少人知。其实在明末之际的洞下禅德，多用念佛及话头，与临济系统几乎难分难辨。此乃引起我要以宏智正觉的《默照铭》作为讲本的动机。

1980年11月27日至12月2日之间，我在纽约的东初禅寺主持禅七，以五个晚上的开示，讲毕五十八句计二百三十二字的《默照铭》（编者按：原铭文共七十二句计二百八十八字，作者禅七开示的部分是前五十八句），英文翻译的部分，早在1982年已被整理成文，编入了《佛心》(*Getting the Buddha Mind*）一书，由纽约的法鼓出版社（Dharma Drum Publications）出版。

由于讲述之时，想尽量避免引经据典的生涩感，所以未注意用字遣词的严谨度，以致在看了吴丽环居士根据录音带誊录下来的中文讲稿后，连我自己都感觉有东拉西扯不知所云之感。

时光一晃就近十年，吴居士再度请我修正润饰稿子，一则感于她的诚敬，二则也想对我自己负责，故用了一周的时间，将讲稿逐字逐句地重写了一遍。下面便是我对《默照铭》的解释。

默默忘言，昭昭现前

“默默”是心念的寂静，“昭昭”是心地的明净。

“忘言”是既不用口说的语言，亦不用思考的语言。一般人的沉默，仅至口不出声，未必能够心无妄念，那便不是“忘言”。“现前”是毫无差异地映现，是将自己所面对的一切现象，百分之百地如实观照，若加入了主观的判断，便与现前的事实有了出入。

这两句话，既是禅修的方法，也是禅修的体验。

“默默忘言”就是既无语言，也无对象，乃至没有心念的活动。先将自己跟环境孤立起来，再将自己的现在跟过去与未来孤立起来，最后要将自己的现前一念跟前念与后念也孤立起来。

“昭昭现前”是在忘言之后，所得的明朗与清晰，首先知道有心的念起念灭，其次凡有念起立即发觉，最后唯有朗然独照的明净之心，像是一面纤尘不染的广大明镜。

默照禅的用功态度，可紧可松。紧法则是以禅修者的意志力，强压妄念不令生起，强提念头不令昏沉，坐姿端正，挺腰竖颈，守住身心，住于一境，久久即可渐入“忘言”的程度。

但是有一辈人，宜用松方，则以禅修者的意识，有意无意地放松全身的肌肉和神经，然后既不控制妄念，也不随逐妄念，不怕念起，不愁缘境，但求放松身心，不蓄意回忆过去，也不蓄意推想未来；不压不提，恬淡清净，渐渐地便会进入默照的佳境。

放不下自己是没有智慧，放不下他人是没有慈悲。

鉴时廓尔，体处灵然

当你修行用功时，如果还感觉时间的长短，这说明还没有到“默默”的程度，在“默默”的情形之下，时间是没有长短的，而你自己也感觉不到有时间的存在，没有时间，就是无限的时间，这等于说无穷的快就等于无穷的慢。如果自认为已在“默默”的情形之下，但还有时间的观念，就表示并非真正的“默”，因你那时还有念头在动，由于尚有念头的起灭，所以才感觉到有时间，如果念头的生灭没有了，时间也就没有了。且以中国近代太虚大师的经验为例：有一天晚上，他听到寺院里就寝的钟声，他就失去了时间感，直到第二天早上又听到起床钟声，在这之间，虽已过了一夜，但在他的感觉上根本没有时间的过程，只是听到打了两次钟而已。可知用功到了没有念头的时候，时间便不存在了。

“体处灵然”的内容就是讲“昭昭现前”，也就是讲空间无限，而这个无限之中包含着所有的一切东西，起起灭灭。在无限的空间里面，一切的东西都是活活泼泼、自由自在的，在这个情形之下，念头是无住的、不动的。念头住、动，便失却“灵然”的自在，而被一定的空间所拘束，

若念不住、不动，你所体验的空间便是无限的辽远豁达，若念随境动，则眼睛等六根、六识所及的范围，绝对是有限的。就以眼睛为例，若念不住、不动，则你的肉眼就能看到更多的东西，就如同照相机的功能，因为底片本来无住、无着，也不动，故可以在很短的时间内把镜头所及、焦距范围内所有的东西都能拍摄进去，如果照相机的底片本来都有住、有动，还能照到清晰的相片吗?

我在禅七中偶尔会用一种方法：教大家不要用头脑想，光用眼睛看，或用耳朵听，这个时候你看到的是什么，你听到的是什么？但是在禅七的头两天，不可能成功地用这种方法，因为你的心尚未安定下来，就不可能不用头脑想，到了第四天以后，能够要他不用头脑想就能做到不用头脑想的人，也不会多。修行者的心若不动，就能够体验到相似的空间无限。

至于真实的空间无限，则有三种情况：

一是佛陀的神通境界，其他凡圣众生的神通境界则不能无限。

二是从很小的一点而看到无限，在《楞严经》里，就说“于一毫端”三世诸佛转大法轮。也就是说，三世一切诸佛同时都在一根毫毛的尖上，说无量佛法度无边众生。那是因为无穷的小便等于无，既是无小可小，那不就是无穷的大吗?

三是明心见性，亲见实性即是无性之时。

放不下自己是没有智慧，放不下他人是没有慈悲。

灵然独照，照中还妙

“灵然”不是虚空，而是空间，这个空间不在内、外、中间，因为这个地方讲的都是心，唯有不动心的体验是无限的空间，因此“灵然”即是清清楚楚、明明白白、实实在在、活活泼泼。

“独照”是唯有观照和觉照之意。默时无杂念、照时不散乱，默时心静，照时心明。这种经验只有在默照互资时，才能发生。否则的话，只应称作“暗然独疑”，所以众生看一切的人都是众生，若能破暗为明，便可化疑为照，故以佛眼视众生，众生都是佛。曾有一位禅修者在小参时告诉我："我好像是在跟什么人斗争呢！"我说："那是你自己在跟自己斗争。"他说："自己怎么可能有两个我呢？"我说："何止两个，而是无数个。杂念妄想如丝如麻。因前念与后念矛盾，所以觉得有两个人在心中角力斗争。那就是疑暗而非默照。"后来我教他一句话："不除妄想莫求真。"不用排斥妄念，只要不去理它就会安静下来。如池水本清，只因有外力侵扰，便成浑浊，如能任其自然，便会还归清净。"灵然独照"的功能，必先有其静默的工夫作前道。

“照中还妙”是在清楚里面，无所不容。是说默照功力用上之时，对于任何一件事物，都能从很多角度、很多层面，得到无量的消息，乃至要说“一沙一世界，一花一如来”。那是不可思议的境界，非语言文字所能表达，也出乎思想符号的范围之外，其中的奥妙，尽在无言的觉照之中了。

露月星河，雪松云峤

这是形容正在默照情况下的心境，“露月”是说天上无云也无雾，只有圆满明朗清楚的月亮，那是默照时的心境，明净如满月。

“星河”即是银河，在有月亮的时候，月亮非常清楚，在没有月亮的时候，满天的星看得非常清楚。而释迦世尊的开悟，也是由于见到了非常明亮清楚的星。这个星河就代表我们默照工夫用得很好的时

候，可有万点明星一览无遗的心境出现。普通人的心，则不见月亮也不见星河，倒是满天的烦恼乌云。

“雪松”也是比喻，是在说明用默照工夫时的心。松树上面覆满了雪，外观不见松树只见雪。在寒冬降过大雪之后，林间的每一株松树，看起来都像是玉雕粉妆水晶做的，一片清凉明朗的景色，如果我们的心能够到这样的程度，必然是开朗、安定、舒坦、宁静的。

“云峤”是在形容默照时的心好像山峰上的云。云在山顶能遮山，山却没法挡住云，这是表示心的自由自在、无拘无束。为什么不讲天空中的云而讲山峰中的云？因为云在空中根本没有东西可以阻挡它，山峰则是阻碍的东西，虽有山顶阻碍而云不受阻碍，这才能比喻默照工夫的洒脱心境。那时若有美人坐怀而心不会乱，威胁利诱而心不会动，分解肢体而心不怖，因为心得自在，不受境牵。

晦而弥明，隐而愈显

“晦”是黑暗，“明”是光明。心境在现实黑暗的情况下，更加明朗，就是在烦恼中能使智慧增长。

“弥”是经常持久，外表看他好像是糊里糊涂，事实上他是深藏不露，大智若愚。智者可能木讷，但他的心胸磊落，不会自欺欺人。

“隐”是隐藏，“显”是表现。“晦”及“隐”是默照的“默”字，“明”及

"显"是默照的"照"字。默时有似痴呆，所以如晦如隐，照时智慧灵然，所以如明如显。默照同时，则其心境不动而万古长明。这是说明智慧心的形态和力量。

放不下自己是没有智慧，放不下他人是没有慈悲。

鹤梦烟寒，水含秋远

“鹤梦”是心如梦中化鹤，在碧空飞翔，只见一望无际的辽阔、空旷。

“烟寒”是溟溟渺渺，无遮无隔，动静一如“无边无涯”。这是“默照”双运的心境。

“水含秋远”是形容默照的心境，澄静深远。心境澄澄湛湛，清如深秋的明潭，而又潭深无底，幽远莫及。从水面上一直看下去，水面及水中的景物，虽可一目了然，但又不见其底。同时又因秋水明静如镜，能反映无边的天空，秋季云薄雾稀，所谓秋高气爽，天空高远无极。这是描写“默照”时的空间感，有无尽的澄静与深远。

浩劫空空，相与雷同

“浩劫”就是无尽期的长时间，不论多长的时间，也有人信有永恒，但在“默照”的心境中，时间并不存在。“劫”是可长可短的时间，无尽的时间都是“空”的，短暂的时间，当然也是空的。

“雷同”是说明“默照”的心中，没有前念与后念之别，前念是寂寂惺惺，后念也是寂寂惺惺，是心中无物，而又明鉴无余的意思。从过去到现在，从现在到未来，其间的关系，称为“相与”，在“默照”之时，心是非有而有的，若欲求其时间的前后过程，已不可得，所以称为“雷同”。

时间的感觉，是从念头的变迁而来，若念即无念，时间的长短，当下即空。

妙存默处，功忘照中

“妙存默处”是说一切好的功能都在静默里面，“沉默是金”还不能形容静默的微妙。心若对境攀缘，念头浮动，便失去了静默，失去了聪明，当然也堵塞了智慧之眼，了无妙意可言。

“功忘照中”的“照”字就是观照的功能，正在观照之时，便不知是在观照，已忘了照的功能，那才是照而常默的工夫。此正如永嘉玄觉禅师（公元 665 ~

713年）的《奢摩他颂》有云："恰恰用心时，恰恰无心用"的境界。将这两句话连起来讲：默中含有无量的智慧功能，正在使用智慧观照一切境界之时，恰已不知尚有能照与被照的事物了。

妙存何存，惺惺破昏

前面既说：“妙存默处”，是于“默”有妙，但请不要误会，以为仅仅静默就算是妙。如果默而不照，可能堕入昏沉状态，故要接着提示，用“惺惺”而不糊涂的明觉心来破除昏沉瞌睡的现象。就在明白清醒的情况下，心念依旧如同止水一般安宁。

“惺惺”二字连用，见于永嘉玄觉禅师的《奢摩他颂》有云：“以寂寂治缘虑，以惺惺治昏住。”

默照之道，离微之根

用默照的方法，便能出离烦恼乃至极微细的无明之根。烦恼心有粗有细，有根本有枝末。从粗重的烦恼，逐渐减少，达于心境的默而常照，照而常默之时，连微细的烦恼之根也会断除。心受境动而执着任何一境之时，心量是极小的，心不着境，默中有照之际，心量是广大无限的。那就是智慧的功能与烦恼的运作恰成反比，智慧愈大烦恼愈小，智慧的功能大到

无限大，烦恼的作用就愈来愈小，小至无限小，最后不见智慧之大，当然也不见极微的烦恼了。也就是说，烦恼无明小到最后便没有了，智慧愈来愈大，大到最后也没有了。在众生来说，修行是为了断烦恼增智慧，在佛来讲，既没有烦恼，也没有智慧。

在洞山良价禅师（公元 807 ~869 年）的《宝镜三昧歌》中，有“重离六爻，偏正回互”及“正中妙挟，敲唱双举”之句，是以《易经》离卦的微妙变化，形容智慧心的功能。宏智禅师既为黄洞宗下的大善知识，故亦以离卦那样的微妙，来形容“默照”的功能。

彻见离微，金梭玉机

在“默”而静止的心境中，不存妄想杂念，已彻底洞识佛性如空。正因为“默”非死灭，所以默的工夫愈深，照的功力愈强，在“默”中藏有离卦那般微妙的作用。“金梭”和“玉机”是形容“照”与“默”互为宾主的功能，织布须用机梭，机是静态的，梭则穿来越去是动态的，机梭相配，始能织出布匹。用金梭玉机说明“默照”的方法，是用做禅修证悟的最佳工具。

正偏宛转，明暗因依

“正偏”一词，出于洞山良价禅师的《宝镜三昧歌》有云：“偏正回互。”“宛转”一词出于洞山良价禅师的《玄中铭序》有云：“宛转偏圆。”“明暗”一词出于石头希迁禅师（公元 700 ~ 790 年）的《参同契》有云：“当明中有暗，勿以暗相遇；当暗中有明，勿以明相睹。”永嘉玄觉禅师的《优毕叉颂》也有云：“明暗之本非殊”；又云，“暗而能明者，即愚而慧也。”

曹洞宗以偏正二字形容烦恼及菩提，二者相即不相离，由于修证工夫有深浅，而以偏正二字组成五位：

1．见性名为正中偏；

2．烦恼薄名为偏中正；

3．烦恼伏为正中来；

4．烦恼断名为兼中至；

5．烦恼即菩提名为兼中到。

以此五位皆不出偏正关系的相互变换，故称“宛转”。唯有宛然转变，才能表示烦恼与菩提的此消彼长，虽有消长，实则不动，这也就是照与默的功用了。

明与暗即是智慧与烦恼，没有烦恼便不能显示智慧的功能，智慧必定是由于烦恼的活动而需要，故在表现智慧的同时，

即有烦恼在其中，不过当依智慧，勿依烦恼。在愚痴烦恼之时，若已知有愚痴烦恼，此人必是智者，故当明有烦恼之时即有智慧，不过勿将智慧当做烦恼。明与暗相互依存，明与暗仍须认清。

勿将菩提与烦恼，生死与涅槃分成两截，但其前后因果依旧历历分明。这就是默照禅告诉我们的真相，既不以事昧理，也不倒因为果。

依无能所，底时回互

上两句的“宛转”和“因依”，都有彼此对换及相互依存的关系，从一般的常识而言，任何两者的事物之间，多有宾主关系，主格是能依，宾格是所依，那就表示两者相关而非相即。此中所见则谓两者之间，不可用宾主或能所来看待，因其实为一体的两面，互为能所，互为宾主，互为因依。同中有异，异中有同，同异分明而又相即不离。

"底"字在宋人语录中的用法，与"的"字同，"底时"可解作"当那样的时候"，也就是说：默与照的关系，跟洞山良价禅师的"正偏宛转"相同，也跟石头希迁禅师的"明暗"相依一样，彼此之间虽无主客之分，却又经常互为体用。

饮善见药，檛涂毒鼓

这两句都是譬喻，意谓若用默照的方法修行，它的功效就像“饮善见药”，能对治一切生死烦恼病，如“涂毒鼓”能摧伏一切生死烦恼军。

“饮善见药”的譬喻，出于晋译六十卷的《华严经》第三十七卷，亦名善现药王。相传雪山有大药王，名为善现，若有见者眼得清净，闻者耳得清净，闻其香者鼻得清净，尝其味者舌得清净，若有触者

身得清净，若能取得彼地之土，悉能灭除无量众病，安稳快乐。

“涂毒鼓”的譬喻，经中所见颇多；譬喻宣说佛法的力量，如同以杂毒药加上咒力，涂在大鼓鼓面，当在击鼓之时，无论远近大小众生，闻者无不脑裂而死。此死即是指贪欲、瞋恚、愚痴皆悉消灭。《涅槃经》中将法鼓譬作天鼓及毒鼓二类：

1. 佛说五乘法，如击天鼓；

2. 佛说佛性常住的大乘法，如击毒鼓。

此处是说默照禅的方法和功能，是灭众病、除诸惑的最上乘法。

回互底时，杀活在我

这两句可以解释为：在回相宛转因依之时，便是主权在握、杀活自由之境。默照即是止观，“回互”即同时并运。在默而常照、照而常默的相待相成的情况下，正是止观双运的好时光。

“杀”是魔来魔斩，佛来佛斩，离心意识的执着，心不攀缘，念不系境。

“活”是汉来汉现，胡来胡现。心如高堂明镜，虽万千境界同时出现，也能彰

彰显示，物物反应，井然不乱。

当杀则杀，当活即活，不由外力，名为“杀活在我”。唯有能默，所以善照，默的功夫愈深，照的功力愈强。唯有能照，所以善默，照的功力愈强，默的功夫愈深，相互因待，彼此助长。默照同时，故非一般定境的只止不观，更非常人心境的昏沉散乱。

门里出身，枝头结果

“出身”二字有二义：

1. 以身奉献，

2. 进身仕途。

不论何者，均须走出家门，始可献身报国。在宋朝，通过科举考取功名做官者便称为什么出身。此处的出身，是指默的功用，默是静止的，故喻在门里，但其并非消极地躲避，而是向外观照的奥援，若无真默便不能真照，所以默虽不显于外，它的作用，则已借照而奉献出来了。

至于“枝头结果”，乃指有目共睹的观照觉察功能，勘破烦恼，便是觉照之功。

在门里时，已经具备了为法献身的基础，虽然隐而未现，确是极其重要的条件。像是一棵果树，树根树干都在门墙之内，唯有树枝伸出墙外，外面经过的人，既见到枝头的果实，当然就可推想到门墙之内必有树身。树身与树枝，相依不离，看似两种现象，其实是一物的两段。

默唯至言，照唯普应

默而无言才是最高明的语言，也就是说，真正的至上的语言，是不能用语文表达的。佛陀释迦世尊，在说法度众四十多年之后，犹说“未曾说着一字”，就表示语言仅是不得已时用来表达心意的工具，但它本身无法真的表达全部心意，心意仍需用心去体会。而心愈静愈默，所体会的深度与广度才愈澈愈明。

因此，真正的真理不用讲，真正的语

言不必说，默照之默，即是最高的语言。

默中之照能够遍照，能于不同的时地，普应一切众生，给予平等因应。有人问："这个照，是不是对环境很清楚。"我说："平常生活中，可能对自己的环境很清楚，但尚不够，而是说智慧的觉照，乃在内心有无限深远，也是无限普遍的。"

应不堕功，言不涉听

应是相应、感应、呼应、酬应，对于自己对环境的一切回应。没有事先的预备也没有事后的痕迹，叫做“不堕功”，事前如虚空，事后如空中的鸟道遗痕，心中保持无瑕的寂寞空灵。虽然普应一切外境，内心仍自寂静。“功”是存心、执意的意思。若默照的工夫完成，心不住相，自无功德功利可言。

言语是传递讯息的符号，默照之照，明鉴万法，当然会接受万方传到的消息，

不过未必要用耳根去听。六根之中，眼耳鼻舌身意，无一不能接受讯息。而且最好的表达是尽在不言中。故在梁武帝时，有一位禅师傅大士（公元 497 ~ 569 年），有一次梁武帝请他去宫中讲经，他上讲台以后，将木尺在台面一拍，就下讲台走了。梁武帝觉得很奇怪，怎么没讲经就下台走了？其实最高的佛法是无法可说的。《金刚经》中即谓："若人言如来有所说法，即为谤佛。"又云："法者无法可说，是名说法。"

万象森罗，放光说法

青青的翠竹，郁郁的黄花，都是佛在说法，无一处、无一物，不是佛在现身说法。

牛头慧忠禅师（公元682～769年）主张“墙壁瓦砾”也是佛心，一切“无情”也能说法，并举晋译六十卷的《华严经·普贤菩萨行品第三十一》有云：“刹说众生说，三世一切说”为例。其实《阿弥陀经》的记载也很明显：有众鸟演说三

十七道品，诸种树木也都发出百千种之音乐声，皆能使闻者生起念佛、念法、念僧之心。

心中无物，心地光明，所见宇宙万象，亦无一不是佛的法身。佛的肉身，有紫金色的光芒，每次说法之前，都会放光现瑞。若能亲证佛的法身遍在，当然可以体会到万千景物、一切现象，无一不在放光，无时不在说法。

彼彼证明，各各问答

既能体会到宇宙万象，皆在随时随处放光说法，当然也不难亲见每一个现象或每一件事物，无一不在与其他的事物进行互相印证，并且都在运用无言之言，彼此问答。正像身居佛国净土，所遇所见，不论有情无情，都是出尘的圣人，以及佛的化身，他们彼此之间不论有言无言，都是问答论法的表现。

问答证明，恰恰相应
照中失默，便见侵凌

宇宙万象，在凡夫所见，是有善恶、好坏、利害、美丑等不同分别的。风和日丽是好，狂风暴雨是坏；物阜民丰是好，灾变连年是坏。但从智者的默照心中，任其自然，物物相应，都是恰如其分，彼此并无冲突的矛盾可言。

种善因得善果，种恶因得恶果，前世种因现世结果，现世种因未来结果，甲有所动乙有所应，都是自作自受，恰到好处，故无可喜，亦无可惧，既无可怨，亦无可忧。

唯有默照同时，才是恰到好处。如果只有照的运作而无默的工夫，就会产生混乱的心理现象。

若有照而无默，不是失去平静和明净，就是见到环境和自己的对立与矛盾，也会发现外境的一切现象之间，也是彼此相争、相抗、相残、相克的。那便会引生烦恼而失却智慧的功能了。

放不下自己是没有智慧，放不下他人是没有慈悲。

证明问答，相应恰恰
默中失照，浑成剩法

这四句是为了加强前面的四句，用相对的句型字义，表达默照之间的关系，是无法分割的。若缺其一或偏重偏轻其中任一部分，两者都会失去其应有力量。如果默而无照，即与枯木死灰相似，若非昏沉即是发呆，均非定慧等持的禅法。

默照理圆，莲开梦觉

默照的工夫，成熟圆满，便是悟入圆理，也即明心见性。智慧心和亲证实悟的见地开了，就好像清净的莲花开了，生死的迷梦也就醒了。佛法常以梦幻等形容生死的考验，说明生死如梦，并非实境，只要明佛心见佛性，亲睹自性无性的本来面目，便名为梦觉或梦醒。例如永嘉玄觉禅师的《证道歌》中，即有“梦里明明有六趣，觉后空空无大千”之句。

放不下自己是没有智慧，放不下他人是没有慈悲。

百川赴海，千峰向岳

这是形容默照心境的豁达辽阔。“百川”是喻众生根器虽有千差万别，终究都会成佛，“百川赴海”便失百川之味，如《法华经·方便品》云：“唯有一乘法，无二亦无三。”

“千峰”是喻众生的无尽烦恼，“向岳”是喻默照心的全面统一。

在默与照齐头并用的心境中，以百川及千峰的历历分明，来解释照的功能，又以赴海及向岳的顺流归一，来形容默的力量。

差别即与无差别的境界是相即相通的，百川奔驰，千水竞流，同归于海，千峰起伏，万峦层叠，共归一岳。都在说明默照的动静互资，悲智双照，妙用无边。

如鹅择乳，如蜂采花

这是两个比喻，以喻默照功熟的禅者，有鉴别取舍的能力。据《正法念处经》有一则关于鹅王的传说：“水乳同置一器，鹅王饮之，但饮其乳汁，仍留其水。”

另在《佛遗教经》有云：“如蜂采花，但取其味，不损色香。”此皆表示一位修行默照方法已经成功的禅者，已证无分别的理法，故也不再受到烦恼、分别、执着、舍不得又求不得的困扰，但他对于现实世界的伦理、法律、风俗，以及学佛者的仪律等，不唯不否定，而且更能把握分寸，恰如其分，适时适处，取其所当取，舍其所应舍。那就是“在什么立场说什么话”。那是积极而又条理井然的修养工夫。

默照至得，输我宗家

若能专精于默照的工夫，便可亲证最上乘法，名为“至得”，实即无得。《金刚经》云：“若有法得阿耨多罗三藐三菩提者，然灯佛即不与我受记。”这也跟《心经》的“无智亦无得，以无所得故”的义理相同。因为若于默照之中，尚存有所得有所证的自我中心及价值肯定，此人便未得真解脱。唯有先以默照方法破我执、除身见，始能真得与三世诸佛同一鼻孔呼吸的经验，然后才能转大法轮，扬佛家风。

宗家默照，透顶透底

曹洞宗的家风，便是禅宗的家风；禅宗的家风，便是佛祖的家风。佛法化世的功能，即是悲智双照，悲智的启发，需依赖止观双运的修持。

宏智正觉禅师倡导的默照禅法，究其内涵，即是止观双运。止观在梵文是奢摩他（samatha）及毗钵舍那（vipa´syanā）两字合译成的汉文，即有止观、定慧、寂照、明静的意思。那是大小三乘通用的禅

观方法。

止观两字在中国被天台宗独占的感觉。而天台宗的止观，分有“小止观”、“渐次止观”、“不定止观”、“圆顿止观”四种，圆顿修法的止观法门，实与禅宗的顿悟法门相似相通，而禅修的入门方便，通常也以止观最切实际。《摩诃止观》卷一云：“法性寂然名止，寂而常照名观。”此与默照禅的“默默忘言，昭昭现前”极为类似。

很明显地，宏智正觉禅师采纳了止观的基本方法，配合了曹洞禅的相互因依的理论，新创“默照禅”的名称。

“透顶透底”四字可有三义：

1. 默照禅是佛法中最上乘法，总收

上、中、下三种根器；

2. 默照禅能使禅修者彻悟诸法实相，一了百了；

3. 默照禅是上承诸佛、下传万世的修行方法。

释　后

我一向以为：著书立说不易，注解经论尤难。因为我们既不是佛陀及祖师们本人，岂会真正知道佛祖所遗的经义论旨所在？岂能恰到好处地为之注释？是以本文虽然名为解释，其实是个人依据佛经及祖语，对《默照铭》的看法和想法。

（选自《禅与悟》）

《默照铭》全文

宋·宏智正觉

默默忘言。昭昭现前。
鉴时廓尔。体处灵然。
灵然独照。照中还妙。
露月星河。雪松云峤。
晦而弥明。隐而愈显。
鹤梦烟寒。水含秋远。
浩劫空空。相与雷同。
妙存默处。功忘照中。
妙存何存。惺惺破昏。

默照之道。离微之根。
彻见离微。金梭玉机。
正偏宛转。明暗因依。
依无能所。底时回互。
饮善见药。檛涂毒鼓。
回互底时。杀活在我。
门里出身。枝头结果。
默唯至言。照唯普应。
应不堕功。言不涉听。
万象森罗。放光说法。
彼彼证明。各各问答。
问答证明。恰恰相应。
照中失默。便见侵凌。
证明问答。相应恰恰。
默中失照。浑成剩法。

默照

默照理圆。莲开梦觉。
百川赴海。千峰向岳。
如鹅择乳。如蜂采花。
默照至得。输我宗家。
宗家默照。透顶透底。
舜若多身。母陀罗臂。
始终一揆。变态万差。
和氏献璞。相如指瑕。
当机有准。大用不勤。
寰中天子。塞外将军。
吾家底事。中规中矩。
传去诸方。不要赚举。

禪

【祖师箴言】

洞山宗旨

洞山良价禅师　原著

圣严法师　选辑并解

默照

谦下尊上，是菩萨行者的重要功课。

宝镜三昧歌

◎洞山宗旨

如是之法，佛祖密付；
汝今得之，宜善保护。
银碗盛雪，明月藏鹭。
类之不齐，混则知处。
意不在言，来机亦赴；
动成窠臼，差落顾伫。
背触俱非，如大火聚；
但形文彩，即属染污；
夜半正明，天晓不露。

为物作则，用拔诸苦。
虽非有为，不是无语；
如临宝镜，形影相睹。
汝不是渠，渠正是汝；
如世婴儿，五相完具；
不去不来，不起不住。
婆婆和和，有句无句。
终不得物，语未正故；
重离六爻，偏正回互。
叠而为三，变尽成五；
如芷草味，如金刚杵；
正中妙挟，敲唱双举。
通宗通途，挟带挟路。
错然则吉，不可犯忤；
天真而妙，不属迷悟。

谦下尊上，是菩萨行者的重要功课。

因缘时节，寂然昭著；
细入无间，大绝方所；
毫忽之差，不应律吕。
今有顿渐，缘立宗趣。
宗趣分矣，即是规矩；
宗通趣极，真常流注。
外寂中摇，系驹伏鼠；
先圣悲之，为法檀度。
随其颠倒，以缁为素。
颠倒想灭，肯心自许。
要合古辙，请观前古；
佛道垂成，十劫观树。
如虎之缺，如马之馵；
以有下劣，宝几珍御。
以有惊异，黧奴白牯。

羿以巧力，射中百步。
箭锋相值，巧力何预，
木人方歌，石女起舞。
非情识到，宁容思虑，
臣奉于君，子顺于父；
不顺非孝，不奉非辅。
潜行密用，如愚如鲁；
但能相续，名主中主。

（录自《洞山良价禅师语录》及《禅海十珍》，《卍续藏》一一九·八八六页及一二六·八八至八九页）

谦下尊上，是菩萨行者的重要功课。

《玄中铭》并序

窃以，绝韵之音，假玄唱以明宗，入理深谈，以无功而会旨。混然体用，宛转偏圆。亦犹投刃挥斤，轮扁得手。虚玄不犯，回互傍参。寄鸟道而寥空，以玄路而该括。然虽空体寂然，不乖群动。于有句中无句，妙在体前。以无语中有语，回途复妙。是以用而不动，寂而不凝。清风偃草而不摇，皓月普天而非照。苍梧不栖于丹凤，澄潭岂坠于红轮。独而不孤，无根永固。双明齐韵，事理俱融。是以高歌雪曲，和者还稀。布鼓临轩，何人鸣击。不达旨妙，难措幽微。倘或用而无功，寂而虚照；事理双明，体用无滞；玄中之旨，其有斯焉。

大阳门下日日三秋，
明月堂前时时九夏。
森罗万象古佛家风，
碧落青霄道人活计。
灵苗瑞草野父愁芸，
露地白牛牧人懒放。
龙吟枯骨异响难闻，
木马嘶时何人道听。
夜明帘外古镜徒耀，

空王殿中千光那照。
澄源湛水尚棹孤舟，
古佛道场犹乘车子。
无影树下永劫清凉，
触目荒林论年放旷。
举足下足鸟道无殊，
坐卧经行莫非玄路。
向道莫去归来背父，
夜半正明天晓不露。
先行不到末后甚过，
没底船子无漏坚固。
碧潭水月隐隐难沉，
青山白云无根却住。
峰峦秀异鹤不停机，
灵木迢然凤无依倚。

徒敲布鼓谁是知音，
空击成声何人抚掌。
胡笳曲子不堕五音，
韵出青霄任君吹唱。

（录自《洞山良价禅师语录》，
《卍续藏》一一九·九一四页）

谦下尊上，是菩萨行者的重要功课。

新丰吟

◎洞山宗旨

古路坦然谁措足，无人解唱还乡曲。
清风月下守株人，凉兔渐遥春草绿。
天香袭兮绝芬馥，月色凝兮非照烛。
行玄犹是涉崎岖，体妙因兹背延促。
殊不然兮何展缩，纵得然兮混泥玉。
獮豸同栏辨者嗤，薰莸共处须分郁。
长天月兮遍溪谷，不断风兮偃松竹。
我今到此得从容，吾师叱我相随逐。
新丰路兮峻仍戱，新丰洞兮湛然沃。
登者登兮不动摇，游者游兮莫忽速。

绝荊榛兮罣銆劅，饮馨香兮味清肃。
负重登临脱屣回，看他早是空担鞠。
来驾肩兮履芳躅，至澄心兮去凝自。
亭堂虽有到人稀，林泉不长寻常木。
道不镌雕非曲颡，郢人进步何瞻瞩。
工夫不到不方圆，言语不通非眷属。
事不然兮讵冥旭，我不然兮何断续。
殷勤为报道中人，若恋玄关即拘束。

（录自《洞山良价禅师语录》，
《卍续藏》一一九·九一四至九一五页）

谦下尊上，是菩萨行者的重要功课。

五位君臣颂

（一）正中偏

三更初夜月明前，
莫怪相逢不相识，
隐隐犹怀旧日嫌。

（二）偏中正

失晓老婆逢古镜，
分明觌面别无真，
休更迷头犹认影。

（三）正中来

无中有路隔尘埃，
但能不触当今讳，
也胜前朝断舌才。

（四）兼中至

两刃交锋不须避，
好手犹如火里莲，
宛然自有冲天志。

（五）兼中到

不落有无谁敢和，
人人尽欲出常流，
折合还归炭里坐。

（录自《洞山良价禅师语录》，
《卍续藏》一一九·八八五页）

谦下尊上，是菩萨行者的重要功课。

功勋五位颂

（一）

圣主由来法帝尧，御人以礼曲龙腰。

有时闹市头边过，到处文明贺圣朝。

（此是“君向臣不共”，是指“正中偏”。）

（二）

净洗浓妆为阿谁，子规声里劝人归，

百花落尽啼无尽，更向乱峰深处啼。

（此是“臣奉君一色”，是指“偏中正”。）

（三）

枯木花开劫外春，倒骑玉象趁麒麟。

而今高隐千峰外，月皎风清好日辰。

（此是“君视臣功”，是指“正中来”。）

（四）

众生诸佛不相侵，山自高兮水自深。

万别千差明底事，鹧鸪啼处百花新。

（此是“臣向君共功”，是指“兼中

至”。）

（五）

头角才生已不堪，拟心求佛好羞惭。

迢迢空劫无人识，肯向南询五十三。

（此是“君向臣功功”，是指“兼中到”。）

（录自《洞山良价禅师语录》，并参考《宗门玄鉴图》，《卍续藏》一一二·九三六页）

介绍洞山五位的思想方法

洞山良价禅师的正偏五位，实在是受了石头希迁禅师的《参同契》中所述阴阳、明暗之回互说的影响而加以应用的，后来诸家，对于这正偏五位之说，即有了许多的解说。

其中的“正”即是二仪中的阴，表征静、体、空、理、平等、绝对、本觉、真如等意思。“偏”是二仪中的阳，是表征

动、用、色、事、差别、相对、不觉、生灭等意思。故以偏正回互而建立了正中偏等五位之说，以说明法之德用的自在无碍。

后来又有人依之而建立了“君臣五位”及“王子五位”等说法。

（一）曹山元证禅师的君臣五位说

因有僧问五位君臣旨诀，师曰：“正位即空界，本来无物。偏位即色界，有万象形。正中偏者，背理就事；偏中正者，舍事入理；兼带者，冥应众缘，不堕诸有，非染非净，非正非偏，故曰虚玄大道，无着真宗。从上先德，推此一位，最妙最玄，当详审明辨。”

“君为正位，臣为偏位，臣向君是偏

中正，君视臣是正中偏，君臣道合是兼带语。”

进云：“如何是君？”师曰：“妙德尊寰宇，高明朗大虚。”

云：“如何是臣？”师曰：“灵机弘圣道，真智利群生。”

云：“如何是臣向君？”师曰：“不堕诸异趣，凝情望圣容。”

云：“如何是君视臣？”师曰：“妙容虽不动，光烛本无偏。”

云：“如何是君臣合道？”师曰：“混然无内外，和融上下平。”

（录自《抚州曹山元证禅师语录》，
《大正藏》四七·五二七页上）

谦下尊上，是菩萨行者的重要功课。

（二）石霜楚圆禅师的王子（诞生）五位说

1．诞生王子

是国王所生嫡传的太子，顿入一色，不借功勋自然成就。相当于正中偏，喻本觉佛性。石霜楚圆颂云：

天然贵胤本非功，德合乾坤育势隆。
始末一期无杂种，分宫六宅不他宗。
上和下睦阴阳顺，共气连枝器量同。
欲识诞生王子父，鹤腾霄汉出银笼。

2．朝生王子

在外朝，居臣位，虽不能自就君位，

却能为宰相而成君王的辅佐。外绍王族种姓，故亦名为王子。相当于偏中正，喻渐渐修学，悉当成佛。石霜楚圆颂云：

苦学论情世莫群，出来凡事已超伦。
诗成五字三冬雪，笔落分毫四海云。
万卷积功彰圣代，一心忠孝辅明君。
盐梅不是生知得，金榜何劳显至勋。

3．末生王子

为天子的末子，虽然久经功勋而仍不得君王之位，远谢一切而专事内绍。此即臣向君的正中来位，喻渐次用工夫而入于一色。石霜楚圆颂云：

谦下尊上，是菩萨行者的重要功课。

久栖岩壑用工夫，草榻柴扉守志孤。
十载见闻心自委，一身冬夏衣缣无。
澄凝含笑三秋思，清苦高名上哲图。
业就巍科酬极志，比来臣相不当途。

4. 化生王子

虽是生于王宫的王子，仍承父王之命，居于臣位，能辅王化。即是君视臣的兼中至位，喻菩萨化度众生之位。石霜楚圆颂云：

傍分帝命为传持，万里山河布政威。
红影日轮凝下界，碧油风冷暑炎时。
高低岂废尊卑奉，五烟苏涂远近知。
妙印手持烟塞静，当阳那肯露纤机。

5. 内生王子

乍生即在君位，其体与父王无异，乃统万机，臣能辅佐，即是君臣道合的兼中到位。喻理智一如、本来成佛的奥义。石霜楚圆颂云：

九重深密复何宣，挂弊由来显妙传。
只奉一人天地贵，从他诸道自分权。
紫罗帐合君臣隔，黄阁帘垂禁制全。
为汝方隅官属恋，遂将黄叶止啼钱。

（录自《永觉元贤禅师广录》卷二七，《卍续藏》一二五·七一九至七二一页）

谦下尊上，是菩萨行者的重要功课。

（三）重离六爻与叠三变五说

根据洞山良价禅师的《宝镜三昧歌》所称：“重离六爻，偏正回互，叠而为三，变尽成五。如芷草味，如金刚杵。”的一段话，《抚州曹山元证禅师语录》即为之做成黑白五种圆相，表示五位：◓表正中偏，◒表偏中正，◉表正中来，○表兼中至，●表兼中到。

此三叠五变之说是依据重离六爻而来，所谓重离六爻，便是䷝卦，于阴爻阳爻回互叠变而成五卦，好像芷草之具五味，金刚杵之具五股，配于五方五行，而喻显正偏之五位。

宋代的寂音慧洪禅师对于重离六爻与叠三变五的解释是这样的：“离、南方之

卦，火也，心之譬也。其爻六划，回互成五卦，重叠成三卦。如䷝，第二爻三爻四爻，又成一卦，巽也☴。第三爻四爻五爻，又成一卦，兑也☱。此之谓叠为三也。下巽上兑又成一卦，大过也䷛。下兑上巽又成一卦，中孚也䷼。此之谓变成五也。”

正中来	大过	䷛	◒ ○ ◓
偏(兼)中至	中孚	䷼	◓ ○ ◒
正中偏	巽	☴	○ ○ ◒
偏中正	兑	☱	◓ ○ ○

兼中到　　　重离　䷝　●○●

（《卍续藏》一一一·二二四页）

总之，正偏五位之说，在曹洞宗旨而言，极为重要，故在《禅宗正脉》第十四之中，有大阳警玄的五位颂；《投子义青禅师语录》卷上，有五位颂；《宏智禅师广录》卷八，有五位颂；《永觉元贤禅师广录》卷二七有洞山五位及五位答问；《三山来禅师五家宗旨纂要》卷中，有灯来禅师的释及颂。

三渗漏

洞山良价禅师对曹山本寂禅师说：

“吾在云岩先师处，亲印宝镜三昧，事穷的要，今付于汝。”

（中略）

“末法时代，人多干慧，若要辨验真伪，有三种渗漏：一见渗漏，谓机不离位，堕在毒海。二情渗漏，谓滞在向背，见处偏枯。三语渗漏，谓究妙失宗，机昧

终始。学者浊智流转，不出此三种，子宜知之。”

（录自《洞山良价禅师语录》，
《卍续藏》一一九·八八六页）

（一）见渗漏

1. 明安云：“谓见滞在所知，若不转位，即在一色。所言渗漏者，只是可中未尽善，须辨来踪，始得相续玄机妙用。”

2. 灯来云：“谓见处滞在所知，设有妙悟，亦须吐却，若不转位，即坐在一色。所言者，直是语中，未能尽善，知他见有所滞也。”

“如何是见渗漏？三山来禅师云：‘直具一只眼。’又云，‘放下着。’颂曰：‘山重重复水重重，万水千山一目中；若道水山常在目，行人依旧路蒙蒙。’”

（二）情渗漏

1. 明安云：“谓情境不圆，滞在取舍；前后偏枯，鉴觉不全。是识浪流转，途中边岸事，直须句句中，离二边，不滞情境。”

2. 灯来云：“谓情境不圆，滞在取舍，不能融通鉴觉，着于一边。皆是识浪流转，途中岸边事。直须句句离却二边，不滞情境，方有出身之路。”

“如何是情渗漏？三山来禅师云：‘如胶似漆。’又云，‘活泼些好。’颂曰：‘担板从来见一边，何如到处眼双圆；满腔系恋还须吐，一落思量便不堪。’”

（三）语渗漏

1. 明安云：“体妙失宗者，滞在语路，句失宗旨。机昧终始者，谓当机暗昧，只在语中，宗旨不圆。句句中须是有语中无语，无语中有语，始得妙旨密圆也。”

2. 灯来云：“谓滞语言，句失宗旨，不能于言诠三昧下转身。所以当机暗昧，宗旨不圆。须是通有语中无语，无语中有语，乃得妙旨圆密。”

“如何是语渗漏？三山来禅师云：‘倒四颠三。’又云，‘道什么？’颂曰：‘有言须是悟无言，开口成双落二三；况复游扬迷妙义，堪悲堪笑口头禅。’”

（明安语，录自《人天眼目》卷三。灯来语，录自《五家宗旨纂要》卷中）

谦下尊上，是菩萨行者的重要功课。

三路接人

“僧到夹山，山问：‘近离甚处?’僧云：‘洞山。’夹山云：‘洞山有何言句?’僧云：‘和尚道：我有三路接人。’夹山云：‘有何三路?’僧云：‘鸟道、玄路、展手。’”

（录自《人天眼目》卷三）

1. 鸟道：“不开口处玄关转，未措言时鸟道玄。此是不落语言，声前一句。”

2．玄路："写成玉篆非干笔，刻出金章不是刀。此是玄音妙旨，谈而不谈。"

3．展手："睒眼牙口叮咛嘱，竖拂拈槌仔细传。此是觌面提持，随机拈出。"

（录自《五家宗旨纂要》卷中）

鸟行于空，鸟道无踪迹；参学之人，生平受用，亦当如此。玄中之玄、主中之主、向上一路，称为玄路；参学之人，应当走上此路。展开两手，方便提示，迎接学者，使之直入甘露之门。

洞山良价禅师接应学人的作略，大概如此。

谦下尊上，是菩萨行者的重要功课。

圣严识

洞山良价（公元807～869年），是浙江省绍兴会稽人。自幼出家，二十一岁具戒于嵩山，接着参谒南泉普愿（公元748～834年）、沩山灵祐（公元771～853年）、云岩昙晟（公元782～841年）、鲁祖宝云及南源道明（公元780～877年）等，一日过水睹影而大悟，在云岩昙晟处印可嗣法。唐宣宗大中（公元847～859年）末年，在新丰山提撕学徒，后移住筠州洞山的普利院，盛弘法化。权开五位，善接三根。年六十三岁，端坐示寂。嗣法弟子有云居道膺（公元835~902年）、曹山本寂（公元840~900年）、龙牙居遁（公元835~923年）等二十六人。

中国禅宗虽有五家七宗之多，但其传至今天的仅有临济及曹洞两派。究其原委，因素固多，而在“庆忠铁壁机老人五宗断”的几句话，可能已道出若干端倪：“用临济而不通曹洞，则类野狐。用曹洞而不通临济，则落教网。是必济洞兼通，则云门、沩仰、法眼，在其中矣。”（《五家宗旨纂要》卷首）

（选自《禅门修证指要》）

【祖师箴言】

宏智禅师坐禅指要

宏智正觉禅师　原著

圣严法师　选辑并解

默照

禪修精華

坐禅箴

佛佛要机，祖祖机要。不触事而知，不对缘而照。不触事而知，其知自微。不对缘而照，其照自妙。其知自微，曾无分别之思。其照自妙，曾无毫忽之兆。曾无分别之思，其知无偶而奇。曾无毫忽之兆，其照无取而了。水清澈底兮，鱼行迟迟。空阔莫涯兮，鸟飞杳杳。

（今据日本的《佛书解说大辞典》第四卷所载抄出）

宏智禅师语录十六则

（一）

田地虚旷，是从来本所有者。当在净治揩磨，去诸妄缘幻习，自到清白圆明之处，空空无像，卓卓不倚。唯廓照本真，遗外境界，所以道："了了见无一物。"个田地是生灭不到，渊源澄照之底，能发光能出应。历历诸尘，枵然无所偶，见闻之妙，起彼声色，一切处用无痕鉴无碍，自然心心法法，相与平出。古人道："无心

体得无心道，体得无心道也休。”进可寺丞，意清坐默。游入环中之妙，是须恁么参究。

（二）

真实做处，唯静坐默究，深有所诣，外不被因缘流转，其心虚则容，其照妙则准。内无攀缘之思，廓然独存而不昏，灵然绝待而自得。得处不属情，须豁荡了无依倚，卓卓自神，始得不随垢相，个处歇得。净净而明，明而通，便能顺应还来对事，事事无碍。飘飘出岫云，濯濯流涧月，一切处光明神变，了无滞相，的的相应，函盖箭锋相似。更教养得熟体得稳，随处历历地，绝棱角勿道理，似白牯貍奴恁么去，唤做十成底汉。所以道：“无心道者能如此，未得无心也大难。”

（三）

旷远无畛，清净发光，其灵而无所碍，其明而无所照，可谓虚而自明，其明自净，超因缘离能所。其妙而存，其照也廓，又不可以有无言象拟议也。却于个里枢机，旋关捩活，随应不勤，大用无滞。在一切处，辊辊地不随缘不堕类，向其间放得稳。在彼同彼，在此同此，彼此混然无分辨处。所以道：“似地擎山，不知山之孤峻，如石含玉，不知玉之无瑕。”若能如是，是真出家，出家辈，是须恁么体取。

（四）

衲僧家，枯寒心念，休歇余缘，一味揩磨此一片田地。直是诛锄尽草莽，四至界畔，了无一毫许污染。灵而明廓而莹，照彻体前，直得光滑净洁，着不得一尘。便与牵转牛鼻来，自然头角峥嵘地，异类中行履，了不犯人苗稼。腾腾任运，任运腾腾，无收系安排处，便是耕破劫空田地底。却恁么来，历历不昧，处处现成，一念万年，初无住相。所以道："心地含诸种，普雨悉皆萌，既悟花情已，菩提果自成。"

（五）

渠非修证，本来具足，他不污染，彻底清净。正当具足清净处，着得个眼，照得彻脱得尽，体得明践得稳。生死元无根蒂，出没元无朕迹，本光照顶，其虚而灵，本智应缘，虽寂而耀。真到无中边、绝前后，始得成一片。根根尘尘，在在处处，出广长舌，传无尽灯，放大光明，做大佛事。元不借他一毫外法，的的是自家屋里事。

（六）

默默自住，如如离缘，豁明无尘，直下透脱。元来到个处，不是今日新有底，

从旧家旷大劫前，历历不昏，灵灵独耀，虽然恁么，不得不为。当恁么为时，直教一毫不生，一尘不翳，枯寒大休，廓彻明白。若休歇不尽，欲到个境界出生死，无有是处。直下打得透，了无思尘，净无缘虑，退步撒手，彻底了也，便能发光应世，物物相投，处处恰好。所以道："法法不隐藏，古今常显露。"

（七）

诸佛诸祖无异证，俱到个歇处。三世断、万机寂，直下无丝毫许对者，佛灵自照，妙彻根源。识得底里尽，分身应事，门门放光，物物现影。便知道，尽自个里流出。百草头一切处，了无则个与我作因

作缘，通身彻底恁么去。

（八）

空无痕迹，照非情尘。光透静深，杳绝瑕垢，能恁么自知，恁么自了。清净妙明田地，是本所有者，多生不了，只为疑碍昏翳，自作障隔，廓然智游，内忘功勋。直下脱略，去担荷、去转身就位，借路着脚。灵机妙运，触事皆真，更无一毫一尘，是外来物尔。

（九）

默默照处，天宇澄秋，照无照功，光影斯断，个是全超真诣底时节。源净体灵，枢虚机活，历历本明。其中发现，便

提得出，在事事头上，恰恰具足，与二仪同，万象等。坦坦荡荡，纵纵横横。天同天，人同人，应其身现其相，而为说法。能如是体得十成，廓然亡所碍者。

（一〇）

渊湛寂默，彻照源底，个处虚而灵，廓而明，虽有昭然自鉴之像，而无影响相偶。底时窥得破，犹有辨白担荷之功，更须退步，方诣环中，光发其间。卓卓独存，却解借功，名为诞生。斯乃出没几微，细细明辨，既能分身，便可御事。

（一一）

有印万象之印，其印不痕，游世对

缘，自有尘尘三昧底受用。其用自冲，不可盈满。空谷之受云，寒溪之濯月，不出不在，迢然化外，更能放教无得无向，在在处处，还之旧地，毫发不曾移动。踧踧挈挈，百丑千拙，鼎鼎地自然圆顺。赵州洗钵、吃茶，不着安排，从来成现。若如是具眼，一一觑得彻，方是个衲僧做处。

（一二）

田地稳密密处，活计冷湫湫时，便见劫空。无毫发许作缘累，无丝糁许作障翳，虚极而光，净圆而耀，历历有，亘万古不昏昧。底一段事，若点头知有，不随生灭，不住断常，要变应则与万象森罗同其化，要寂住则与二仪盖载同其道。出没

卷舒，一切在我。本色汉，须恁么收放始得。

（一三）

观身实相，观佛亦然。若端能体得到自己无外境界，则恰恰绝对待、出思议。佛佛心心，精到无二。衲僧默游寂住，虚灵妙通，等太虚度尘劫。卓卓亡倚，明明非思，个是本所住处。机转化分，历世应事。照无功、用无迹，闲云流水，初不留碍。直教纯纯稳稳，一切移不得，方不随夤缘转也。真实体取。

（一四）

道非祖传，祖未来时，弥纶周匝，自

然空空不痕，灵灵亡偶。独照出因缘，常活离形谷。所以唤做祖，唯证相应，不可授手。佛佛之到，以此为极，应化分身，花花叶叶。根根尘尘，智入三世。万机不我扰，一尘不我外。妙出大千经卷，何处更有影事可得。

（一五）

历历妙存，灵灵独照，揽之不得，不可名其有，磨之不泯，不可名其无。出思议之心，离影像之迹，空其所存者妙。妙处体得灵，灵处唤得回。心月身云，随方发现。直下没踪迹，随处放光明。应物不乖，入尘不混，透出一切碍境，照破一切法空。于差别缘，入清净智，游戏三昧，

何所不可。当如是真实体究。

（一六）

廓而自灵，净而自明，能普遍而无取照之功，能分晓而无缘想之累。出有无表，超思议情，唯证相应，不从人得。佛佛祖祖，叶叶花花，连续底事也。应时不取相，照处不涉缘，便能堂堂不昧。只个家风，处处现成，任君收拾。

（录自《宏智禅师广录》卷六，
《大正藏》四八·七三至七八页）

圣严识

宏智正觉（公元1091～1157年）主倡默照禅，与大慧宗杲（公元1089～1163年）的宗风相峙。今从《宏智禅师广录》卷六，抄出其中有关默照工夫及其禅境的十六则，可以概见默照禅的用功方法及其见处（《大正藏》四八·七三至七八页）。正觉禅师，山西省隰州人，七岁即能日诵数千言，十一岁出家，十四岁受具足戒，十八岁游方，到河南省的汝州香山，谒枯

木法成（公元 1071～1128 年，芙蓉道阶的法嗣），为成师器重，有省。再参丹霞子淳（公元 1064～1117 年，也是道阶的法嗣），大悟。时年二十三岁。

前后住持天童山景德寺垂三十年。初到时，由于金人侵犯，诸寺皆在谢遣云游之人，独正觉禅师来者不拒，且谓："明日寇至，寺将一空，即今幸其尚为我有，可不与众共之乎。"因此，天童旧住众不满二百，正觉禅师住山之后，四方学者，争先来集，数逾一千二百人。知事以道粮将尽相告，师云："人各有口，非汝忧也。"言未讫而即有嘉禾钱氏航米千斛来寺之讯传到。师住山期，更为新建寺屋，几达千间。

正觉禅师一生主倡默照法门，阐扬理事泯融，偏正回互，明暗相即，寂照虚灵，环中虚白之旨，以此石头希迁及洞山良价以来所定的宗旨，为大乘法门的极则。他在入寂之前，写下遗偈："梦幻空花，六十七年。白鸟烟殁，秋水连天。"这是何等苍茫，何等寂静，又何等统一的境界呢！这正是正觉禅师的禅境禅风所在。他有一篇《默照铭》，收在《宏智禅师广录》卷八。用"默照"二字，揭出了体用、理事、空有、明暗、空劫今时、平等差别、绝待相对等的主题，大振洞山的宗风。

禪

【实践指南】

禅病疗法

默照

前　言

《大正藏》第十五卷收有一部《治禅病秘要法》，又称为《治禅病秘要经》或《治禅病秘要法经》，是刘宋沮渠京声译出；另外一个题目叫《治阿兰若乱心病七十二种法》，据说是依《杂阿含经》治病秘法七十二种法而集出，但现存《杂阿含经》中未见。

该经所举禅病，共有五种：一是乱声；二是恶名；三是利养；四是外风；五是内风。

任何一种原因都会使人心乱而产生种

种的禅病。此经备载：

一是治乱倒心法，二是治四大内风法，三是治火大三昧法，四是治地大法，五是治水大法，六是治内风大法，七是治四大粗涩法，八是治噎法，九是治贪淫患法，十是治利养疮法，十一是治犯戒法，十二是治乐音乐法，十三是治好歌呗赞偈法，乃至治为鬼魅所着种种不安不能得定之法等。这部经虽然译成中文，但是它讲的方法与中国人的生活习惯、思想背景不太一样，所以多半不能适用。其次，在人间修行的人，与在阿兰若处修行的人，情况也不一样。不过对于禅修的人，这仍是一部很好的参考书。

天台智者大师的《摩诃止观》卷八

上，有“观病患境”一章，详述病相、病因及治病的方法。在他的《小止观》中也列举了《杂阿含经》的七十二种治病秘法。智者大师所说的禅病，有四大不调、五脏违和、鬼魅所祟等，治病之法则有修三昧、修止观、调息、用术、持咒、用药等。大端是上者用三昧力治一切病、中者用止观、下者用咒用药。由于文义古雅，真正能够照着治病的人不多。

今天，我想以浅易的说明，将禅病及其治病方法，略为介绍如下：

因修行禅定而得的病叫“禅病”；不修行，也会害病，但那不叫禅病。禅病可分为三类：一是四大五脏病，二是鬼魅病，三是业障病。

四大五脏的禅病

因打坐而使四大五脏发病的原因共有四种：一是心态不正；二是方法不明；三是饮食不调；四是动静失调。四大是地、水、火、风，五脏是心、肝、脾、肺、肾。

（一）心态不正

是指因有所求或有所惧而来打坐。譬如说，年纪大，肾功能差了，房事变得无能，听说打坐可以强肾强精，于是就来学

打坐；或是以为打坐可以使人返老还童、青春永驻，所以来打坐。像这种根据似是而非的理论来追求不正当目的的，叫做心态不正。虽然打坐的确可以达到这些目的，可是却也会因此而带来身体的麻烦，导致身体发病。

（二）方法不明

譬如，不了解数息的方法，只是听到或看到几句有关打坐的知识，就开始凭蛮牛似的劲数呼吸，并且认为自己身体还不错，身体还蛮强壮的，可以一直硬撑下去，如此一定会出毛病。书上说的和老师教的只是原则，真正修炼的时候，还得自己加以揣摩，这是指的数息。若用其他修定、参禅方法时，如果对方法没有确实的明白，同样会带来身体的病患。

（三）饮食不调

有的人相信饿肚子可以使头脑清醒，这个理论也似是而非。当我们肚子非常饿的时候，就会导致体力不足，若这时候再用心力去用功，身体会出毛病。

在上次禅七中，有一位禅众很少喝水，因为她怕小便，结果五内如焚，身体非常难受，问我："怎么办？"我说："喝水啊！"她说："喝水要上厕所！"我说："去啊！"正常的修行，口渴了就要喝水，肚子饿了就要吃饭。若是为了不麻烦，要么不喝，要么就灌得肚子里都是水；或要么不吃，要么就吃上几大碗，这对身体都有害无益，喝水要适可而止，吃饭不能够

超过八分饱。

（四）动静失调

有的人是因为懒散，有的人是贪着打坐时宁静的舒服感，就一直坐下去。

这种人可以坐很久而不会腿痛，也许头脑还有念头，但是气息还算顺畅。当然，如果他全身气脉完全畅通，应该没有问题；只要有一处气脉不通，就会带来麻烦。

所谓气脉完全畅通的人，是身体上任何一部分，一条血管，乃至一个毛孔，血液和气脉都能够完全流畅通达。

初学打坐时，很多地方都是不通的。臀部压在垫子上就是不通，盘腿时夹住、压住的地方也不通，还有我们内脏里重叠的地方，不是紧张就是被压缩，所以也有不通处。如果能够达到全身气脉、毛孔完全畅通，即使坐得再久、不运动身体都没有关系；但这只有已经修行相当久，而且还保持每天长时间打坐的人才能够做到。

当气脉不通时，得用运动来补救，诸位知道少林寺的拳术，和印度瑜伽术有着深厚的渊源。瑜伽的意思是相应——运用调身的动作运行，使人在动态时，仍能身心一致，这是炼身也是炼心的方法。在静坐中，也有人能自动演出拳术的路数，及瑜伽术的动作来，这就是说，打坐要与运动配合。长期在禅堂打坐修行的人，每天要有工作，工作虽不等于运动，但工作中却包含了运动。

人的身体中只要任何一部分的肌肉、皮肤、神经有了阻碍，而久久不予调整，即会造成四大五脏的疾病。如果每个毛孔、每块肌肉、每根神经都是畅通的话，身体一定是健康的。现代的都市人每天生活在空调房内，能够劳动而满头大汗的机会不多，这就容易患高血压、糖尿病等病。运动以后身体会出汗，使得新陈代谢正常，气脉舒通。因此，在禅修中有用动态的跑香及瑜伽操来调和静态的打坐。

只要能够把握以上的四个原则，则我们的四大五脏便不容易害病。

先世业障的禅病

业障病又分为外病、内病两种。外病是由于福报不够，所以修行时会发生障碍。譬如，平时不肯放人家一马的人，便会到处碰到荆棘；平时多给人方便的人，修行时会吉祥如意。如在过去世不结人缘，而且处处与人作梗，修行时就会有业障病。

今天有一位先生问我：“我的心很脏、很钝、很乱，怎么办?”我说：“持戒修

定！”他又说：“可是我的环境，使我无法持戒，我的工作也不允许我修定，有没有另外的方便法？”像这种人为什么不能持戒修定？因为有业障！有的人看到出家人的修行生活，很是感动和羡慕——我如果在二十年前就遇到佛法的话，我也希望如此。为什么二十年前就没想到要寻求佛法？这也是业障。

另外一种是内在的业障病，就是由于恶业太重，所以不修行身体没有事，一修行就头疼、背痛、闹肚子，或是火气上升，或是气息不调。修火光三昧，身体会发烧；修水光三昧，身体会浮肿；修不净观时，身体会发疮、溃烂，乃至想自杀；修数息观时会脸胀、气塞等等。他明明知道有好方法，但是不得要领，甚至引起相反的效果，纵然没有任何人、事的干扰，也会庸人自扰。

有业障病的人，要常行布施，读诵大乘经典，礼拜诸佛，忏悔先世罪业；修慈悲观，发菩提心，愿度一切众生，尽心尽力，自利利他，多造福业，广结善缘，增长智慧，开发心地，然后业障就会消除，而可以顺利修行禅定了。

（选自《拈花微笑》）

禪

【实践指南】

禅修疑难解

默照

本文系一位热心于禅修的居士，将四五年中发生的若干疑难汇为九题，来信请教圣严法师，法师以可能还有其他人也曾发生过类似的问题，故用书面公开答复，以飨有心于禅修的读者。

（一）

问：古德云：“有时且念十方佛，无事闲观一片心。”有时心中一片空灵，连一句佛号的念头也提不起来，是否即保任空灵状态？这里指念十方佛，是否有取代杂念的意思？

答：我不清楚居士所引古德句的出处，不敢臆断。至于用功到达空灵状态，尚能念佛名号，乃是不可能的事。应否守住空灵状态，当有两说：一者系心不动，任其继续沉淀澄清，以至于不见一物，虚空沉寂，自亦不觉处于空灵状态，是为正途；否则，若滞于空灵——例如"光音澄湛，空旷无涯"的觉受之中，尚未真入深定，仅胜于轻安境界。

第二种方法，即是用参话头的工夫，打破空灵状态。若由念佛名号而至空灵状态，当下提起"念佛是谁"的话头，以此时心念专注，易发疑情，促成疑团，是为禅法的活路；否则，耽滞于空灵，而误以为保任，那就浪费时间，误了前程。

念佛法门，在四祖道信，即曾引用《文殊说般若经》的专念一佛名号的一行三昧，

非关净土，目的乃在于由定发慧。散心时念佛名号，实乃无上妙法，念至无佛可念，可能出现空灵，亦未必出现空灵。

（二）

问：小乘的四念处、大乘的禅及密教的大手印，皆论及观心法门，不知有何不同？得以取长补短、相辅相成否？

答：四念处是三十七菩提分法中的一科，虽称小乘观法，然于《大智度论》卷一九也有介绍，是观身、受、心、法的不净、苦、无常、无我，而破凡夫的我执我见，乃是通用于大小乘的基础佛法。所以近世日本禅宗的龙泽寺派，教授初学禅众时也用数息法，我本人亦常以数息法教人，偶尔教人不净

观，此乃四念处观的流类或基础，观行摄心，散心已摄，则继之以大乘禅法。

禅法可分做两类：一是六祖惠能及早期禅宗祖师们所揭示的“直指”，不用任何观法，顿断烦恼，顿悟自性，那便是不立文字，教外别传，无可依附，不假修行，自然天成的。类似的利根机人，究竟不太普遍，故有第二类的参话头、参公案。话头与公案，是用来堵塞偷心和妄情的，有人终身抱定一句话头，参问下去，犹如念佛法门之抱定一句佛号，一直念下去，此即适合于一切根机的观行法。

再说大手印，是某派密教的观法，它跟“顿悟”、“直指”的禅法不同，大约类似前举，由空灵状态，而进入虚空沉寂的境地，

禅门曹洞宗的默照禅，可能与此相近。

居士所说“取长补短、相辅相成”，粗见则不然。修行贵在一门深入，所举诸法门，固有其共通处，然皆有其特胜处。修行过程中，最好顺从师教，抱持一门，勿做调人，否则可能会顾此失彼。《楞严经》列举二十五位大菩萨，个个专精一门，最后始臻门门圆通，不是初学之时，即能尝试相辅相成的。

（三）

问：四年前某天早上上班，突然身心内外一片空，实则连空的感觉也没有。从停车库到办公室的电梯口，原来要走五分钟，那天早上似乎一秒钟就到了。虽然五官功能照常，但丝毫觉知不到。到电梯口才“醒”过来，其实，在那失去知觉时才正是醒，这到底是何现象？

答：这种经验，通常发生在努力修行某一方法或沉潜于某一观念的思考之后，其他宗教徒的身上也可能发生。当此种经验发生以后，会有身心舒畅、如释重负的感觉，观察任何事物，均较平常清楚明朗，但却不宜也无法立即做需要思考、计划的工作。此乃处于一度专心的状态之后，突然失去了心所依托的观象，程度浅的，会感到恐慌，程度深的，便有如置身心、世界及环境于另一度空间之外的感受，仁者得此经验，实是可嘉。

一个笑容，一句好话，都是广结善缘的大布施。

(四)

问：大约四年前开始，偶尔感到有气胀胀地从左脚心，经背脊，到达眉心。后来则经常发生，偶尔头顶中央，亦会感到胀胀的。早晨七八点左右，中午十二点至一点左右，晚上五六点左右，感受较强，工作劳累或疲倦时，感受也强，不知是何现象？

答：左脚心是肺、胃、左肾、心、十二指肠、胰、脾等内脏的反射区，跟脊柱都有关联。从睾丸与肛门之间的会阴向后，经背脊、头顶的百会，至人中，是督脉；从会阴经腹部、胸部，至下巴，是任脉。道家练气行脉，要将任督二脉前后打通，称为小周天。仁者尚未打通二脉，故气动时，有胀胀的现象。随着每个人体质及健康状况的不同,发生在不同时段。此在禅宗,一向采取不予理会的方式,否则,便成吐纳导引的道术而非禅法了。其治疗方法有三:一是不予理会,二是将注意力集中于脚心,三是用参话头来转移注意。

(五)

问:大约也在四年前开始,在静坐时偶有举阳现象及性交快感,导致性欲冲动,出精外漏数次,事后身心均感不适,最近则极少有此现象。如何才能突破男女关?将来结婚后,为了修行,是否以"有名无实"较妥当?

答:依据生理现象,性冲动或性反应的

原因，大别有二：一是新陈代谢正常，精力充沛，血气旺盛，自然发生性的冲动以及寻求性的发泄，乃至所谓精满自溢，偶有梦遗现象，亦无损健康。二是身体虚弱，肾水不足，肝火旺盛，脉动精摇，心气浮躁，亦会产生亢阳的性冲动而梦遗、滑精；虽也有举阳现象，唯其举而无力，精液外泄，势将愈漏愈衰，必须治疗。

静坐的初步功能，在于调理生理机能，使弱者强而衰者健。当一个人的气脉运行比较通畅时，内分泌腺自然活泼，当气行至生殖系统而不及时向任督二脉乃至全身疏散，稍久即会引起性欲亢奋的现象，举阳、快感，逼着要求射精。此时如果放弃静坐而去求助于太太，或以其他方法，使精液外漏，都是最伤元气的事。

习定之人，必须珍爱精气，故在静坐放腿之后，亦不得立即如厕，最好先做柔软运动，使精气输至全身；否则，精气随着便溺外泄，对健康无益。

如果坐中性欲冲动，宜起座礼拜、经行，若以冷水毛巾敷小腹，最为快速，唯体弱者不宜用。如果气脉已经畅通无滞，便不会因气聚生殖系统而致性欲冲动了。如能专精于方法，不顾生理反应，气脉极易通畅，而得轻安境界。别说获至定乐，即使轻安之乐，亦较性交快感，快乐十倍；故在定功得力之人，不易贪爱男女色，亦不易有性冲动。

定境至初禅以上，称为色界，已无欲

念，更无欲事。不过，凡有身在，如果不在定中，纵然已无欲念欲事，纵然已经心得解脱，仍可能有举阳泄漏的现象，此在部派佛教的初期，即为了罗汉应不应该有夜眠遗精的问题而有过诤论。

至于如何突破男女关？对于出家人，尚不容易做到，何况在家居士。出家人以戒防身，以定制心，故较在家为易。在家之身，能不邪淫即好，夫妇仍以正常随俗为宜。今日社会的在家居士，很难有离群独居、专精于禅修的环境；若能保持五戒清净，并且定有禅修静坐及读经、礼诵的日课，以健康的身心，对家庭、社会、众生，尽其所能，即是菩萨道的行者。

（六）

问：实施观心法门后，杂念妄想不多，比较常能保持空念或无念状态。唯古德有云："起心动念是天魔，不起心动念是阴魔，道起不起时是烦恼魔。"有念与无念，似乎相违，究竟如何才好？大概只要不执着即可。又何谓天魔、阴魔、烦恼魔？

答：居士保持空念、无念，并非荡有遣空的中道之空，是沉空滞寂的顽空，甚至可能尚在无所事事的无事壳中，所以不能彻见空性的法身而悟入佛之知见。

禅者用功，必须从念念一掴一掌血的切实感，而至念念不留痕迹的自在解脱，方为真功夫、真见地。有念有着是凡夫，无念

无着是死尸，无念有着是定境，有念无着是自在境。着有念固不对，住空念也不对。永嘉玄觉主张："惺惺寂寂是，无记寂寂非，寂寂惺惺是，乱想惺惺非。"惺惺是不空，寂寂是无妄想。虽无妄想而仍清清楚楚，故非住于空念或无念。

居士所引古德句，我也不知出处。魔的分类有多种，如三魔、四魔、十魔。通常多称四魔：一是贪等烦恼，名烦恼魔，二是色、受、想、行、识的五阴，称为阴魔，三是死亡称为死魔，四是欲界第六天的天子，称为天魔。居士所引句，大概是说，天魔未入定，故起心动念；阴魔不修定，也不知起心动念为何事；烦恼魔则是由于分别起念和不起念而产生的。总之，是在说明，不论起

心动念或不起心动念，都不是禅修工夫，正如居士所言：“只要不执着即可。”

我们必须明了，中国的禅修者，不主张修传统的次第禅观，也不主张入次第禅定，而在于当下直指，虽不能直指，亦当不以“住空守无”为修行。

（七）

问：经由观心，了解念头是因缘而生，是假非实；但虽知假，仍被念头所迷失，受其左右而不自觉，以致无法摄心归空，导致造业受苦，是何道理？

答：观想法，只是工具，用佛说的观想法，理解佛说的因缘法，从理论上已能接受。此是由教育的功能所得的认知，不是

由自己内心深处发现的亲证实悟。由教育所得的认知，当然也有用处，只是遇到心相活动的微细处、粗重烦恼的相应处，往往无法自主，也无能自觉，故称为障——业障、报障、烦恼障。要想做到念念分明、时时操之在我、刹那刹那都能做自己的主人，必须付出禅修工夫的时间和努力。纵然见性之后，仍得随时修持，始能称为保任。居士有公务在身，有家庭的责任，只要经常保持细水长流，必定也能日有进境，水到渠成。

（八）

问：我已能接受“无我”、“无常”及“一切唯心，万心唯识”的观点，但总觉得在内心深处，仍有一个模模糊糊、似有似无的

"我"在,不论日常生活中的起心动念,或在修行之时,都有这个"我"在做主,究竟何故?如何才能真正"无我"?

答:由理解佛法而认知"无我",并不等于亲证"无我"。我有一篇短文,题为《从小我到无我》(编案:收在本书中),说明小我也是有用的,若无小我,就没有能够主宰生活方向的人,亦没有能够发心修行的人。由修行而从各个分别的小我,可进而成为全体统一的大我,再从大我的彻底粉碎,即是到了大地落沉,虚空也无的境地,才是无我。此一无我,是无小我,也无大我,即是《金刚经》、《圆觉经》等所说的"无我相、无人相、无众生相、无寿者相"。《金刚经》又说:"无法相,亦无非法相","若取法相,即为着我、

人、众生、寿者；若取非法相，即着我、人、众生、寿者”，“是故不应取法，不应取非法”。

执着有我，是我；执着无我，也是我。唯有用禅修的方法，如参话头，才能将妄情逼尽，使真正“无我”显现，届时便与三世诸佛同一鼻孔呼吸，也与一切众生同样地吃饭睡觉、屙屎撒尿。居士的情况，是因为尚在信解起行的阶段，未能实证，感觉有我，乃是正常的。

（九）

问：通常将起贪瞋之时，反观此心，便能不起，可知观心法门，亦颇殊胜。唯其遇到烦恼太强之时，虽然用心观照，也无法消除，此时辅以念佛法门，将注意力移至佛号,或许有用。如果观心与念佛,都无法消除强烈的烦恼,则应如何对治?

答:居士所用的“观心法门”,不知何处学得?从信中所见,虽有点像默照禅,但大体上仍是静坐的层次,不同于次第禅观的修法,也不同于正宗禅修方法,所以仅能在风浪微小之时有用,尚无反制烦恼的功能,更无消灭烦恼的功能。

的确,高声唱佛号,最能转移烦恼,即使默念佛号,也较静坐有效。但是驱除强烈烦恼的方法,莫过五体投地的大礼拜,将心专注于礼拜时的每一个动作,时间长了就能消除强烈烦恼于不知不觉中。至于久修禅法的人,自不应有太强的烦恼生起,用一句话头来对治,便已足够了。

一个笑容，一句好话，都是广结善缘的大布施。

结　论

读到居士来信，已五个月，由于事忙体弱，未能及时执笔作复。居士认真禅修又能虚心发问，且系亲身体验的疑难，可见用心殷切，殊觉可贵。唯其禅修心境，因人而异，要求的标准，亦言人人殊，我只是从禅籍以及经教所见，加上自己的浅薄体验所得，作了如上的答复，以供参考。

（选自《禅的体验·禅的开示》）